賞賛と罵声と

小島 太
Futoshi Kojima

講談社

プロローグ

「ステージ4ですね」

想像もしていなかった、突然の宣告だった。

2022年の年末に体調を崩した。当時、私は75歳。忘年会シーズンだったこともあり、年甲斐もなく親しい仲間内でドンチャン騒ぎして無理をしたことで、風邪をこじらせた。当初はそう考えていた。だが年が明けてもなかなか回復せず、病院で精密検査を受けた結果が、冒頭に医師から告げられた肺がんの診断だった。

「……まさか」

ショックを受けたというより、そんな深刻な症状をサラッと告げられたことに言葉を失ったが、その後、他の複数の病院で診察してもらった結果も同じだった。少し時間が経って冷静になると、目の前が真っ黒になった。「どうしようか……」悩んだ末に、本当に親しい身内と関係者にだけ、末期がんであることを伝えることにした。病気を公にすることで過度に心配されたり、同情されたりするのが心から嫌だったからだ。

この頃は「別に、いつ死んでもいい」と考えていた。

物心ついた頃から馬が大好きで、ジョッキーという職業に猛烈に憧れた。「もし騎手になれなければ青函連絡船から飛び降りて死んでやる」という、いつのまにか有名になった私のエピソードも、当時の想いとしては決して大げさではなかった。そんな私が本当にジョッキーとなり、夢だった日本ダービーを2度も勝つことができた。

私はその時その時の目の前にある目標、目指しているものに少しでも近づこう、ものにしてやろうと思ってずっと生きてきた。少なくとも現役時代、調教師時代もその週の競馬、次の週の競馬と目前に迫った勝負には集中して取り組んできた。

70歳で調教師の定年を迎え、すべての仕事がなくなった当初は、「まだ元気なうちに新しい事にでも挑戦してみようか」といろいろと考えもした。ただ、冷静になって自分が子どもだった頃のことをゆっくりと振り返った時、「燃え尽きた」でいいじゃないかという心境になった。

私みたいな凡人で、私のようなわがままな性分で、私みたいに能力のない男が「よくぞここまでやってこれた」と、少しだけ自分を褒めてあげていいような気持ちになった。

仮に、私にものすごく騎手としてのセンスがあって、それこそ何でもできるすごいジョッキーだったなら、おそらくこうは思わなかっただろう。

ただ、肺がんが判明した以上、見て見ぬふりをするわけにはいかなかった。手術が難しい箇所だったこともあり、抗がん剤治療を選択した。病院に通うことがルーチンとなった日々でも、週末は競馬を全レース見た。知り合いの馬主さん、牧場、騎手、調教師の馬券を、応援の気持ちで少しだけ買ったりもした。平日は親しい仲間とゴルフを楽しんだり、食事をしながら過ごした。

そんな生活を続けて1年ほど経った頃、知り合いを通じて出版社の方から、「自伝を書いてみませんか?」というお話をいただいた。当初はあまり乗り気ではなかった。70歳を過ぎた爺さんじゃ、昔のことなんて詳しく思い出せないと思ったし、この年になって文章を綴る作業をやり通せる自信もなかった。

ただ、がんの症状が少しずつ良い方向に向いていく中で、「自分の競馬人生を、自分自身で振り返ってみるのも悪くないかもしれない」と考えるようになった。正式に執筆する意思を担当者に伝えた際、同時に末期がんを打ち明けた時は、相当驚かれたが（笑）。

２０２４年の11月には股関節の手術も受けた。何年も前から痛みと戦っていたが、この頃はもう普通に座れなくなるほど悪化していた。この年になって全身麻酔で手術を受けることに不安がないわけではなかったが、一方でがんの治療を続けるうちに、「もう一度、自分で何でもやれるようになってやろう」と前向きな気持ちになっていた。まだまだ趣味のゴルフを楽しみたかったし、２０２２年に生まれた孫とも元気な体で遊びたかった。医師から「小島さんなら大丈夫です」と太鼓判を押されたのも後押しとなった。

２０２５年の４月で78歳を迎えた。まだ完治こそしていないものの、目に見えて回復したし、股関節も痛みがなくなり、普通に歩けるようになったことも私の活力となった。

どちらも当初は公表するつもりはなかった。ただ、治療を進めていく中で、同じような症状で苦しんでいる人がいる。また、私と同年代で病気と闘っている人がいることを知った。そんな人たちに知ってもらうことで、少しでも励みとなったり前向きな気持ちになってくれたりする人がいるならばと、この本を世に出すタイミングで公表することにした。

度重なる病気と向かい合いながらの執筆だったため、当初予定していたより出版までだいぶ時間はかかってしまった。関係者の方々には迷惑をかけてしまったが、そのぶん、半世紀にわたる自分の競馬人生とじっくり向き合うことができた。競馬界の第一人者である武豊騎手と対談をする機会にも恵まれた。

タイトルにある通り、山あり谷ありだったジョッキー・小島太のすべてをこの本に記したつもりだ。

賞賛と罵声と　目次

第1章　羨望と挑戦

第2章　優駿と憧憬

第3章　騎手と友情

第4章 名馬と追憶

第5章 調教と拝謝

＊本書では競馬用語や名称のうち、いくつかを文章簡略化のために略称で表記しています。ステークスをS、フューチュリティステークスをFS、カップをCとしています。また、レースのグレード（格）は当時の表記を使用しています。

第1章

羨望と挑戦

「騎手になる」と決めた少年時代

北海道の網走に近い、小清水町（こしみずちょう）という小さな町が私が生まれ育ったところだ。地理的には根室に近い。さんま、にしん、カニ、ほたてなんかは網走で取れたし、農業も盛んで、とにかく美味しいものばかりを食べて育った。暑い時期は短くて、基本はずっと寒かった。私の地元の言葉で表現するなら「しばれる」だ。大方の雪国のイメージ通り、雪は家が埋まるくらい降っていたし、雪が完全に溶けるのは当時で4月頃だったか。網走国定公園内に小清水原生花園という世界でも有名な自然の花の種類が多い素晴らしい場所もあり、初夏には一斉に花を咲かせる。とにかく自然豊かな地域だ。

小さい時から、とにかく負けず嫌いな子どもだった。小学校1年生の時、3年生と相撲をとって、負けたら悔しくて、悔しくて。年齢が上だからとか、相手の体が大きいからしょうがない、などと考えたことは一切なかった。スポーツは万能で、スキーは小学校の大会で優勝していたし、スピードスケートもやっていた。柔道や相撲は同世代に負けた記憶がなかった。

今になって思うが、勝負事においては負けて悔しくないと絶対に駄目。そういうやつじゃないとどのスポーツにおいても絶対アスリートとしては上にはいけない。他の世界でもそうかもしれないが、特にアスリートはそうでなければ、と私は思う。

父は農耕馬の売買と蹄鉄(ていてつ)屋を経営しており、のちに小清水町の町会議員にもなった人だが、小さい時から周りに馬がいる環境で育った私は、5歳の時には誰に言われるでもなく、自然と馬にまたがっていた。

その当時は、町内に競馬場のような場所があった。1周800メートルくらいのコースだったと記憶しているが、どこの家にも農耕馬がいて、力自慢のばんえい競馬の前身のようなことも10月頃の秋祭りで馬好きが集まってやっていた。

その草競馬は、年に2日ほど行われていた。開催中はやぐらが組まれて、そこに町長、警察、親父なんかも座って観戦していた。

初めて草競馬に乗ったのは小学校4年生。5年生くらいになると調教もつけるようになっていた。実家にも道営競馬で走っている競走馬が何頭かいて、本当は休ませないといけないのだが、雪の上を歩かせたり、道路に出てダーンと走らせたりしていた。

草競馬では最初は馬をコントロールできなかった。道営競馬を走っていた馬だったからそれなりにスピードもあった。私は1コーナーを回りきれずコースアウトしたり落馬したりして、それを見た父親にこっぴどく怒られた。親父がポンとまたがると、楽々とひと回りしてきたりして、子ども心に感心したものだ。私に騎乗技術を最初に教えてくれたのは、誰でもない私の父だった。

6年生になると、私の技術も格段に上がり、草競馬ではばんばん勝てるようになった。私が騎乗して勝つと、地元の人からご祝儀をもらえた。本当にたった2日間で、当時の小学生としては十分過ぎるお小遣いを稼いでいた。

父は道営競馬の馬主資格も持っていて、私も自然と道営競馬に通うようになっていた。最初は父に連れられて通っていたが、夏休みに入ると一人で行くようになり、そのうち家出同然で厩舎(きゅうしゃ)に寝泊まりするまでになっていた。

自宅で飼っていた馬と

そこでお世話になったのが千島一巳さん。同じ小清水町の人で、農業をやりながら騎手兼調教師までこなしていた。同郷だったこともあり、私の父の所有馬のほとんどを管理していたし、私も顔見知りだったので、マンツーマンで技術的なことを教わった。のちに私がジョッキーになった頃には、道営で№1トレーナーにまで上り詰めたすごい人だった。その息子の武司さんも、小さい頃は私の後ろをついて回るようなかわいい子どもだったのが、こちらも道営の騎手となり、天才と呼ばれて一時代を築いた。

私にとっては恩人と言える人たちがいる環境で、作業を手伝ったり、家事の手伝いをしたりしているうちに、小学校5年の時には特別に許可証をもらって調教に乗せてもらうようにもなっていた。

当時は札幌、函館、旭川などで競馬が開催されており、その地に足を運んでは調教をつけていた。その許可証を出してくれたのが、あの武豊騎手の祖父で、武邦彦元騎手の父である、武芳彦さんだったというのをだいぶ後で知ることになるのだが、当時はとにかく競走馬に乗れるのが嬉しくて、夢中になって乗っていた記憶がある。

小学生の時に、『幻の馬』（1955年、大映）という映画を観たのも、私が競馬の世界により深くはまったきっかけとなった。全勝でダービーを勝ったあと、破傷風によって天国に旅立ったトキノミノルの哀悼のために作られた映画だったが、少年時代の私には衝撃的なストーリーだった。当時の映画館では実際のダービーの模様を流したりもしていて、本当に行われたレースを目にするたびに、私の騎手への思いはより強くなっていった。

そんな少年時代を過ごしたせいもあって、いつの間にか「勉強なんかしなくてもいい」と思うようになっていた。「学なんかなくてもいい、俺は騎手になるんだから」と。意外かもしれないが、それまでは勉強も一生懸命やっていた。なぜなら、負けるのが嫌いだから。私の中で負けるということは絶対に受け入れられないことだった。勉強でもスポーツでも、それがケンカでもだ。物騒だと思われるかもしれないが、刃物を使ってでも勝ちたかった。最後まで体力面で勝てなかった兄貴には、寝ている時に襲いかかろうとしたこともあったほどだ。

その頃は学校に行っても寝ているからうわの空。その代わり、大好きなサラブレッドの血統書はのめり込んで読んでいた。いったん調べだしたら他のことはどうでも良くなっていたから、勉強をやるヒマがなくなっていたとも言える。中央競馬の唯一の情報源だった競馬雑誌の『優駿』は、すり切れるほど読み込んだ。

自分が目指したいもの、成し遂げたいものが見つかったのだから、それを叶えるために行動するのは当たり前だし、逆にそういう欲がないやつはおかしい。欲を持つのは良くない人間だと言う人もいるかもしれないが、そこそこで満足しちゃいけないっていうのは絶対にある。アスリートになる人間は、はっきりと明確に、どこまでも欲を持っていないといけない。それはすごく大事な要素だと思っている。

中学校に上がると、夢や目標としての「騎手になりたい」から、「騎手になる」という明確な強い意志に変わっていた。

中学校2年生の時。父親の知り合いを介して騎手候補生の願書を取り寄せてもらったが、受験資格の欄の「中学校卒業見込み」を見て、「あと1年も待たないといけないのか」と愕然とした。今、考えたら当たり前のことだが、その当時の私はそれさえ待てないほど早く騎手への道に進みたかった。

受験資格に身長、体重の制限があることを知ってからは、身長が伸びないようにタンスの中など狭いスペースで眠った。足が大きくなると背が伸びるという話を信じて、包帯をきつくグルグルと足に巻き付けて過ごしたこともあった。小学校時代に無双状態だったスキー、スケート、柔道、相撲などもすべて辞めた。トレーニングをしたり、運動をすることで体が大きくなってしまう不安を感じたからだ。受験が近づいた頃は、大好きだった体育の授業でさえ「足が痛い」なんて嘘をついて休んでいた。

外出して甘い食べ物が出された際には、「俺は甘い物は嫌いだ」と嘘をついて、とにかく体重が増えないよう気をつけた。久しぶりに会った親戚からの「太ちゃん、大きくなったねえ」は、私にとってはNGワード。言われるたびにカチンときたものだ。そういえば、この身長に関するエピソードが一度、有名なクイズ番組の問題として出題されたことがあって、それには驚いた。

受験を控えた中学校3年生時、校長室に駆け込んだことがあった。馬事公苑（現在の競馬学校）に提出する願書のために、担任ではなく校長に、「（5段階評価の）成績を4と5にしてくれ」と。冗談に聞こえるかもしれないが、当時は本気だった。成績が良くないと願書を受け付けてくれないと思っていて、とにかく必死だった。騎手になるためにやれることは何でもやろうと考えた末の行動だった。それで校長のところに行ったわけだが、「小島よ、騎手になるには試験があるんだろ？　筆記試験があるのなら通信簿の数字だけよくしても駄目だ」と諭（さと）されたのを覚えている。ちなみに、当時の私の成績は2、3、4の数字が並んでいたくらいだったと記憶している。

学力だけではなく体格の問題もあった。その頃の身長は157センチで、体重は42キロほど。これでも受験者の中では飛び抜けて体が大きかった。実際に試験が迫ると、まだ体重がギリギリだったこともあって、1ヵ月近くほぼ飲まず食わずで過ごした。

今、振り返っても、ここまで自分を追い込んでいた中学生が果たして他にいただろうかと考えたりもするが、文字通り、自分の人生を懸けて挑んだ1962年の秋、何とか合格を勝ち取った。1963年（昭和38年）の春に中学校を卒業後は騎手課程の14期生として馬事公苑に入所して、騎手としての第一歩をスタートさせることとなる。

師匠の高木良三調教師との出会い

私が入所した時代は、馬事公苑に入所する前からどこかの厩舎に所属するのが常だった。もっと言えば、受け入れ先が決まった状態で試験を受けることがほとんどだったが、北海道の田舎から受験して知り合いの関係者がいたわけでもなかった私は所属先が決まっていなかった。そんな状況の中、私の父親宛に1通の手紙を送ってきたのが、私の師匠となる高木良三調教師だった。

「私も年齢が年齢なので、最後の弟子を育てたい」というような趣旨のことが書かれてあったが、父は最初、その事実を私に打ち明けていなかった。というのも、父は名門の尾形藤吉厩舎（きゅうしゃ）に私を入れたかったからだ。その当時の尾形厩舎は、今のトップクラスの厩舎とは比べものにならないくらい別格。並ぶものなど一切いない、断然の日本一厩舎だった。

父の不在時に偶然手紙を読んだ私と父は、喧嘩になった。

「騎手を目指すのだったら、尾形厩舎に行け」

「嫌だ。俺は高木先生の厩舎に行く」

「この、大バカ者が！」

「それでも高木厩舎に行くんだ」

こんな感じのやりとりをした記憶があるが、私もこの時ばかりは、尊敬し畏怖もしていた父親に対して一歩も引かなかった。

当時の尾形厩舎には保田隆芳さん、森安重勝さんといった看板騎手を筆頭に、何人もの素晴らしい騎手が所属していて、自分になんかチャンスが回ってこないだろうという考えがあったからだ。誘ってくれた時点で高木厩舎には所属騎手がいなかったし、何より自分を欲しいといってくれる調教師のもとで勝負してみたかった。

この件で父とはかなり激しくやりあったが、「俺にも早くチャンスが来るじゃないか」、まだ中学3年のガキが言い放った最後の決めゼリフに、父は何を言っても無駄だと諦めたのだろう。最終的に私の意見が通り、高木厩舎に所属することになった。

高木先生は、人間としての優しさがあり、仕事に対する厳しさがあり、そしてホースマンにとって最も大事な調教技術の高さを備えている人だった。競馬界に入ったばかりの右も左も分からない時期に、素晴らしい師匠に出会い、身近で接することができたのは本当に幸運だった。

1972年、リーディングジョッキー賞を受賞して。
高木先生(左)と宇都宮操さん(右)とともに。

初めて父親に連れられて、高木先生に会ったのは馬事公苑に入所する2日前だった。東府中の駅前で待ち合わせをしていたのだが、ふいに父が「あの人だ。目つきが違う」と、目で合図した方向から実際に現れたその人こそ、私の師匠になる人だった。その初対面の瞬間、急に緊張したのを覚えている。

高木先生は決まり切った調整方法では

なく、固定観念にとらわれず柔軟に馬の個性や馬体の強弱などを見極めたうえで仕上げることができた。馬のことをものすごく研究してよく知っていたし、見た目だけではなく、実際に自分でまたがって確認していた。強弱のバランスが素晴らしく、感覚的にすべてをものにしていた人だった。

先生は調教だけではなく、レースの研究にも余念がなかった。私も何度となくアドバイスを受けたが、騎手を引退するまで守っていた教えのひとつが、「2でいいところを5やっちゃ駄目」というものだ。この言葉だけでは読者には何のことかさっぱりかもしれないので、分かりやすく置き換えると「馬に余計な負担をかけるな」ということ。とにかく騎手時代だけではなく、私が同じ調教師に転身してからも大きな影響を受けた理想のホースマンだった。

実際に厩舎に所属して生活するようになって感じたのは、競馬だけではなく、私自身への教育も独特だったということだ。

ある時、仕事中にタバコを吸っていると、ふと、人の気配を感じた。慌てて消そうとして、やけどしてしまったのだが、後ろからゆっくりと近づいてきた高木先生にかけられた言葉は、「みんなの前で吸っては駄目だぞ。自分の部屋で吸え」だった。てっきり怒られるものだと思っていたが、まだ騎手としては一人前ではなくても、私がやることに対して、何でも禁止、制限するようなことはしなかった。

他にも「酒、タバコをやるなとは言わない。ただ、バクチだけには手を出すな」と、よく言われていた。きかん坊の私だったが、不思議と先生の言うことには素直に従えた。半世紀以上たった今でも酒とタバコはやめられないが、調教師を引退した今でも、応援の意味も込めて馬券を少額購入することがある程度で、ギャンブルとは無縁の人生だ。

見習い騎手期間

中学卒業後の1963年に、今の競馬学校の前身である馬事公苑の14期生として入学した。同期は14人で、田島良保、安田富男、池上昌弘に平井雄二などがいた。おなじ宿舎で一部屋三〜四人ずつに分かれて生活を共にしていた。

入ったらすぐサラブレッドに乗れると思っていたのだが、甘かった。最初はろくに乗せてもらえず、少しずつ乗せてもらうようにはなっても、いわゆる「競走馬」ではなく「乗馬」。基本的なことからコツコツやらされるわけだが、乗れてもボコタン、ボコタンとしか走れないような馬だった。入学前から実家や地方競馬の調教で乗っていた私は教官に対して、「いつまでもこんなことやらせやがって」と心の中で悪態をついていた。

もちろん座学もあって自分なりに一生懸命やったが、今になって振り返ってみ

騎手学生時代。
授業は競馬関連だけでなく通常の教科もあり多岐にわたった

ると、当時は馬に乗れないフラストレーションがたまっていたのだろう。そろばんの授業で「分かんねえよっ」と振り回していたら、教官に頭をぶったたかれたこともあった。今の時代ではありえないが、とにかく当時の教官は本当に厳しかった。

「おめえら卒業させるのに、何百万かかるのか知ってるのか！」

なんてよく怒られていた。授業も試験も難しかったが、たまに前の席に座っていた福島信晴（元調教師）という頭の良い子にこっそり解答を教えてもらったりしたのは、今となっては良い思い出だ。

そんなこんなで1年弱、馬事公苑で過

馬事公苑での騎手学生時代、都内見学時の1コマ。1963年頃

ごしたあと、2年目は競馬場での約10ヵ月間の実習が始まった。前述した私の師匠となる高木調教師の厩舎が実習先で、「ようやく馬に乗れる。馬を速く走らせることができる!」とワクワクしたものだったが、ここでも最初はなかなか調教を任せてもらえなかった。競馬場にいる馬はすべて現役のサラブレッド。レースに向けての大事な調整で、未知数な若造を乗せて故障でもしてしまったら大変だというわけだ。厩舎、馬房の掃除から、馬の世話、馬のえさとなる青草を刈りに行ったりもしたし、厩舎の食料や備品などの買い出し、皿洗いなどなんでもやった。本当に飲まず食わずといっても言い

過ぎではないくらい忙しかったし、思うように馬を走らせられない不満もあったが、そんな厳しい下積みの中でも、やはりサラブレッドに触れられるのは格別の幸せだった。

この頃の1日の流れはまず早朝から厩務員の手伝いをして、1時間ほど乗り運動（ウォーミングアップ）をしてから馬場（競馬場のコース）に出る。軽めの調教を終えて厩舎に戻る初日の帰り道には、「はあ、これだ！」と感動したのを覚えている。競馬雑誌の『優駿』で見た府中競馬場のスタンドの風景を馬上から見て、「やっと俺はここに入れた」と憧れの騎手に近づいているのを実感した。

その後、少しずつ本格的な調教を任せてもらえるようになり、普通キャンター（かけあし）を乗ったり、あぶみを短くして乗ってみたり。15―15（軽めの調教の基準タイム）だとか。ただ、追い切りでたまに指示を無視して速く走らせてみたり、肩ムチを入れたりしたのが見つかった時は、本当に罵詈雑言の嵐だった。「てめえ、この！　壊れたらどうしてくれるんだ」。「もう乗るな、きさまあ」。担当の厩務員さんなどから幾度となく激怒された。師匠なんかも「素質があれば何でも最初からできるんだ」という考えだったので、実戦を想定した調教などはやらせてもらえず、デビューするまで馬にステッキ（ムチ）を使ったこともなかった。

そういう環境だったこともあり、常にイメージトレーニングは欠かさなかった。乗り運動をしている時も、頭の中で自分がムチを入れて走らせるイメージをしながら乗っていた。厩舎のスタッフから銀行に行ってこいだの買い物してこいだのお使いを頼まれた際は、自転車に乗った行き帰りで、馬に乗った気になってひとりでレースをしていた。今みたいにレース映像を簡単に観ることができる時代ではなかったから、先輩騎手の所作だったり、あとは新聞、雑誌の写真を切り抜いて騎乗フォームを参考にしたりした。

それを自分の形にするため、調教が終わって帰る時なんかは、よく自分の影を見ていた。実はこれが、すごく勉強になった。影を見ながら自分のフォームを数センチ、数ミリ単位で修正しながら、自分の「形」を模索していた。本当に24時間とまではいわないが、当時は騎手としてどうするべきかをずっと考えていた。

とにかく少しでも多くの馬に乗って経験を積みたくて、高木厩舎以外の他の厩舎に「手伝わせてください」と自分からお願いをしに行ったりもしていた。当時は午後にデビュー前の馬が東京競馬場の芝コースで調教できるというシステムがあり、芝コースで走らせてみたいこちらとしては、願ったり叶ったり。いろんな厩舎に顔を出すと、やる気を買ってくれたのか、「おぉ、乗っていけ」と気持ちよく乗せてくれる調教師もいた。

自分なりに上達するための工夫、努力は惜しまなかった競馬場での実習期間。その後、馬事公苑に戻って数ヵ月後に騎手試験を受け、無事に合格することができた。この実習期間は、いろいろな意味で自分の人生で貴重な時間となった。この10ヵ月は馬乗り以外にも、先輩の騎手から女遊び、飲み屋、悪いことまですべて覚えさせてもらったから（笑）。

その後、1965年（昭和40年）4月からは高木良三厩舎にお世話になり、11ヵ月間の下乗り（騎手候補生）を経て、1966年3月1日、高木厩舎の所属騎手として、ついにデビューを迎えることになる。

デビューからの1年目

1966年3月5日、私は東京競馬場で騎手としての第一歩を踏み出した。当時の心境としては、緊張より圧倒的に嬉しさのほうが勝っていた。勝負服を着て、馬に乗った写真を撮ってもらった時、「この写真1枚があれば俺は満足だ」。その当時は心の底からそう思っていた。「これが、これこそが夢だったんだ」と。

念願のスタートラインに立つには立ったが、デビュー戦の結果は10着だった。騎乗したのはオモダカというアラブ系で、スタートしてからゴールするまで一度も手応えがないままレースは終わった。全く人気のない馬だったから、着順自体はすんなり受け入れることはできたが、まさかこれが長い苦難の始まりになるとは想像もしていなかった。

デビュー時の私が図抜けて下手だっただけかもしれないが、同じ年にデビューした騎手たちがポンポンと初勝利を挙げていったのには驚いた。とにかく、みんなすごかった。私だけが取り残される状況になってしまい、正直焦りはあったが、その焦りがレースでの騎乗に影響したかというと、そんなことはなかった。何せ、そんな競馬で慌てるような手応えのある馬なんて乗ったことがなかったから。

私の師匠である高木先生は、勝負になるような馬は馬主さんのために、きちんとした騎手でレースに臨んでいた。私が調教をつけていて、「もしかしたら、この馬は俺がレースで乗れるのかな」なんて期待していても、実際に新聞の出馬表をみたら先輩の騎手だったなんてことはざらだった。

まあ、私も高木先生の考え方、方針が分かっていたから我慢できていたし、今の小島太があるのはこの期間があったからだと考えている。私のようなすぐに調子に乗る、いや乗りすぎてしまう性格で、デビューからポンポンと簡単に勝てていたら、騎手としても、それ以上に一人の社会人として危なかったと思う。生意気どころじゃなく、とんでもなく天狗になっていたかもしれなかったからだ。

もともと負けず嫌いな性格だったが、この期間で「なにくそ！」という気持ちがより強くなったように思う。若い時というのは少し壁にぶつかるくらい、もちろんそこでつぶれてしまっては駄目だが、「負けてたまるか」という気持ちが芽生える環境のほうが先々の伸びしろにつながるような気がする。何事も簡単に考えるようになってしまっては成長がない。そういう意味で、初勝利までに要した時間は、私の人生において貴重なんてものではない、重要な助走期間だった。

デビューから4ヵ月、季節はもう夏になっていた。待望の初勝利の瞬間は、忘れもしない7月9日。この頃は「俺一人だけ、一生勝てないんじゃないか」とさえ思っていた。デビューした時の写真のエピソードを書いたが、この頃は「勝った時の写真が1枚あればもう死んでもいい」という気持ちに変わっていた(笑)。

私に初勝利をもたらしてくれたのは、アサヒオールという5歳牝馬だった。東京競馬場の芝1600メートルで行われた一戦は、ダントツの1番人気に支持されていた。実際、調教に乗った時から「絶対に負けないだろう」と思えるほどの馬だった。そのイメージ通り、レースは後続をぶっちぎって楽勝した。おそらく師匠が「そろそろぼんずに勝たせても良いだろう」と考えたのだろう。私がこれ

1966年7月、初勝利。馬はアサヒオール

まで騎乗した馬では経験したことがないスピードで、あっさりとゴールを先頭で駆け抜けた。

それ以降、私はあっという間に同期に追いつく勝利数を積み上げるようになる。先生は分かっていたのだろう。じっくりと経験を積んでから勝つことで、私の技術がグンと良くなるということを。そういう状況になれば、馬主さんにも私を乗せることに納得してもらいやすくなることも。実際、初勝利の後は、よりチャンスのある馬にも乗せてもらえるようになった。私の師匠は、馬だけではなく、小島太という騎手もしっかり育てた本当に偉大なホースマンだ。

最終的にプロ1年目は、125回騎乗して11勝。勝率11・4％は当時のルーキーとしては立派な数字だった。

2年目の重賞勝ち

プロ2年目の1967年には、早くも重賞初勝利を達成することになる。と言っても、私の初めての重賞は東京障害特別という障害レースだったが。今と違い、当時はどんなトップジョッキーでも最初は障害レースにも乗っていた。もともと乗る予定だったジョッキーが病気になってしまい、乗り役を探しているという噂を聞きつけた私は高木先生に「俺に1回乗せてください」と直訴したことが始まりだった。その時は「駄目だよ」と即答されてしまったが、「勉強になりますから」と粘り強くお願いして、何とか障害デビューにこぎつけることができた。

私の初障害でコンビを組んだグローリターフという馬では、重賞を勝つだけではなく、障害レースを6勝もすることになる。この馬はキュウリに割り箸を刺し

1967年、初めての重賞制覇。馬はグローリターフ

たような４００キロあるかないかの小さな細い馬だったが、不思議と無尽蔵のスタミナがあった。惰性をつけて走らせたらどこまでも伸びていくようなタイプで、私は常にその持ち味を最大限生かす乗り方で結果を出していった。

　障害レースも経験しながら着実にキャリアと経験を積み上げていた私は、その重賞を勝ったわずか半月後、今度は平地の重賞を勝つことになる。タマクインは私がデビューから2年目の6月に新潟競馬場で関屋記念を勝った時にコンビを組んだ牝馬だ。父ヒンドスタンは近現代の競馬で例えるならサンデーサイレンスのような種牡馬（しゅぼば）だったが、ヒンドスタン産駒は男馬しか走らないと言われていた。牝馬はイマイチという評判だったため、キャリア2年目の私に回ってきたチャンスだった。

実際にまたがってみると、ヒンドスタンの牝馬は走らない？　いやいや、私がここまでで乗った中では一番乗り味の良い馬だった。確かに難しいところもあったが、直線で本当に素晴らしい脚を使うことができた。この馬との出会いのおかげで、私は毎日王冠（当時は12月）を勝つことができたし、その次戦で有馬記念（10着）にも騎乗する機会に恵まれた。

プロ3年目で乗せてもらったハードウエイという牝馬も、ものすごく強かった。うなりながら伸びていく馬で、クラシックの前哨戦の位置づけでもあった4歳牝馬特別を快勝。大目標だったオークスは直前で脚を負傷して無念の取り消しとなったが、出走していたら、おそらく勝っていただろう。実際、同じようなメンバーで戦った秋のクイーンSは楽勝だったから。この馬は翌年、私ではなく加賀武見さんが騎乗して安田記念を制してGⅠ級の能力を証明しているが、私はこの馬なら今でいう牝馬3冠を取れたと声を大にして言いたい。

1973年菊花賞。手前がタケホープ、奥がハイセイコー　写真：産経新聞社

プロ9年目にコンビを組ませてもらったタケホープも忘れられない1頭だ。この馬は前年1973年にダービー、菊花賞を制した2冠馬で、当時のアイドルホースだったハイセイコーの最大のライバルと言われていた。翌1974年のアメリカジョッキークラブCで騎乗依頼を受けたわけだが、この2頭の再対決で抜群に注目度が高く、まさに私にとってもスーパーレース。自分を駆り立てるため、私は長かった髪の毛を坊主に刈り込んで臨んだ。

ハイセイコーを負かす気満々だったのだが、しかし、実際はイメージ以上に渋い馬で、スタートしてからついて行くのがやっと。道中も追走で手一杯という状況だった。３コーナーを過ぎてハイセイコーや他の馬たちは抑えたままスーッと直線を迎えていくのに対し、私が乗ったタケホープは追っても追っても前との差が詰まらなかった。

「あぁ、失敗した。乗るんじゃなかった」

４コーナー手前ではこんな気持ちだったが、諦めずにステッキを入れ続けていると、坂を上がってから突然スイッチが入って猛追を開始。どんどん前との差が詰まっていった。そこからはもう執念というか、根性というか、とにかく全力でガムシャラに追った。レース前からいろいろな感情がごちゃ混ぜになっていたからか、先頭でゴール板を駆け抜けた瞬間はいつもより余計に嬉しかった。78歳になった今でも、レース中の心情までしっかり覚えているのは我ながらすごいことだと思う。

ヒシスピードという馬も強烈だった。８戦８勝で引退した伝説の名馬マルゼンスキーと同期で唯一、土をつける可能性のあった馬だ。札幌のダート１０００メートルの新馬戦を９馬身差で圧勝すると、続く北海道３歳Ｓはレコード勝ちで重

強烈に記憶に残る馬、ヒシスピード

賞制覇。ここまで3戦はダートを走っていたが、初めて芝に挑戦しても2着、芝でも走れるとめどを立てて迎えたのが、マルゼンスキーとの初対戦となった府中3歳Sだった。

レースは他陣営が怪物との対戦を避けたのか、わずか5頭立ての重賞で、あちらは勝って当たり前の単勝1・1倍。ヒシスピードは2番人気とはいえ6・7倍と離された支持だった。実際、ライバルがかなり強いのは私も分かっていたので、正攻法ではなく、出し抜けを食わせる作戦で挑んだ。

終始、死角というか、相手から見えない後方の位置でついて行って、直線の坂を上がりきったところで一気に突き放すつもりだったが、私がイメージしていたより、ほんの少しだけ追い出すのが早くなってしまった。並ぶ間もなく一気に抜き去るつもりが、あちらも慌てて追い出して、両馬がほぼ並んでゴールした。写真判定に持ち込まれ、結果は最後の最後で差されたハナ差負けとなった。私がもう少しだけ追い出しを待てていたら勝っていたかもしれない。

このヒシスピードで重賞を3勝したのがプロ11、12年目（1976、1977年）。13年目で私が初めてダービーを勝ったので、その前年ということになる。この頃の私は、少し謙遜して言うなら、たまには上手く乗れるようになっていた。いろいろな経験が自信となり、「こういう時はこうしよう」という引き出しが多くなっていた。デビューから騎手としての土台をしっかり固めたあとに、技術、メンタルなど中身をじっくりと作り上げている時期だった。

例えば7着に終わったレースに対して、「ああいう騎乗をしていたら、勝てたんじゃないか」と考えるのが常で、絶対に勝てなかったという風には結論づけなかった。対外的にはレース後に敗因を淡々と言葉にしていたかもしれないが、自分の腹の中は違った。負けたらすべてが失敗――。競馬が終わった翌日から次の開催まで、ずっと自分が乗ったレースを頭の中で繰り返しながら、反省し、勝てた可能性を探った。

乗り数が少なかったこともあったが、この頃の1つのレースに対する執念、情熱、そして経験が、私の最大の夢であり、目標であったダービージョッキーへとつながっていくことになる。

罵声を浴びて

デビューから紆余曲折あったが、注目されてくると次第に増えてくるのがファンの声だ。賞賛だけではない、浴びせられる罵声も当時はとにかくすごかった。どんなに優れた騎手であっても、10回騎乗して5勝すれば大成功。野球選手だって3割打てば一流と言われているくらいだし、常に結果を出し続けることなんて不可能に近い。ただ、馬券を買っている騎手への反応というのはやはりシビアだ。

「下手くそ!」「馬鹿野郎!」特に人気馬で負けた時などは多くの罵声を浴びた。それ自体は仕方がないし、覚悟はしていたが、最後まで慣れることはなかったし、心情としてはやっぱりつらかった。

札幌競馬場で人気を背負った馬で負けた時、飲み物の缶をぶつけられたことがあった。福島競馬場では、これはファンではないが、某評論家がラジオで私の騎乗について批判したのを伝え聞いた師匠の高木先生が、ジュースの瓶を握って放送席に向かっていったこともあった。

特に、よりファンとの距離が近いパドックでの野次は本当に堪(こた)えた。この時の場合、ほとんどが何週間も前のレースのことをネチネチと言われることが多かった。使ってはいけないような言葉で罵(ののし)られることもあり、態度には出さなかったが、やはり動揺した。パドックで身内が私を応援していた時、横から文句を言われたこともあったらしい。騎手も人間。当時は本当につらかった。

ただ、時代の変遷とともに野次や罵声は少なくなっていき、私が引退する頃にはほぼ聞かなくなっていた。私の師匠は「負けた時は『馬鹿野郎』。勝ったら『大統領』。ジョッキーなんてそんなもんだよ」なんて私に言っていたが、確かに罵声を浴びせられるということは、それだけ期待されていた、支持されていたことの裏返し。今となっては、罵声も昭和の競馬の象徴的なシーンのひとつだったように思う。

海外騎乗のさきがけ

今の現役のジョッキーに対して、心から羨ましいと思うことがある。フランスの凱旋門賞を筆頭に、アメリカのブリーダーズC、他にもイギリス、ドバイ、サウジアラビア、香港、オーストラリアなど、今は世界中のGＩレースに日本馬が挑戦し、その背中に日本人騎手がまたがることが当たり前の時代になったことだ。

私の現役時代は、まだ人馬ともに積極的に外国の競馬に挑戦するという雰囲気はなかった。自分の時間と莫大なお金を費やして、世界に飛び出していった先駆者は、海外のモンキーと呼ばれた騎乗スタイルを日本に浸透させた、ミスター競馬の野平祐二さんだったが、次は自分だという自負はある。とにかく、何かに駆り立てられるように世界を目指していた。

1973年、この年はトルコで競馬のアジア会議（第11回ARC騎手招待競走）、わかりやすく例えるなら日本で毎年行われているワールドオールスタージョッキーズのようなイベントがあった。私は前年に関東リーディング（関東に所属している騎手で勝利数1位）を獲得したこともあり、そのレースへの騎乗依頼を受けていた。時期的には日本ダービーの頃だったが、この年は主戦としてダービーに挑むような馬がいなかった。

いや、実は1頭いた。前年の1972年12月からタケホープという馬に4戦ほど騎乗していて、密（ひそ）かに「この馬なら勝てるかもしれない」と手応えを感じていた。自分にも乗れるチャンスがあるのではないかと期待していたが、主戦騎手の嶋田功さんが大怪我（けが）から復帰したこともあってこの馬でダービーに挑戦することがほぼ不可能になったこともあり、招待レースへの参加を決めた。余談だが、タケホープがダービーを勝ったと電話で聞いた時、トルコのヒルトンホテルの湯船に浸かりながらワンワン泣いた記憶がある。

ともかく日本の代表として、当時の最年少としてトルコのレースに参加したのだが、正直、その時の競馬の詳細はあまり覚えていない。なぜなら、あまり良い馬が回ってこず結果を出せなかったこともあるが、それ以上に、その後の出来事が私の人生観を変えてしまうほどの忘れられない経験となったからだ。

トルコのヴェリエフェンディ競馬場で騎乗したあと、私はイギリスへ渡った。当初からせっかく海外に行くのだからと、ヨーロッパ数ヵ国を回る予定を立てていて、最初の訪問先がイギリスだったが、日本の競馬サークルとは全く別ものの、粋(イキ)でおしゃれな雰囲気にはワクワクさせられた。

競馬場にエリザベス女王が馬車でさっそうと登場すると、大勢の関係者が出迎え、おかかえの騎手が近づいてハグをしたりする。「へぇ、騎手が女王と」。当時の日本ではありえない光景だったし、他に目をやると、観客はハットをかぶってドレスアップして、華やかな雰囲気を演出していた。風光明媚な施設の中にもモダンなクラブハウスや、おしゃれをした人の社交場としての役目も担っていた。競馬の環境、施設、とにかく到着してから驚かされっぱなしだった。

エプソムダービーの前日、競馬場を視察させてもらった際にはコースにも入れてもらった。そこの芝コースでゴロリと横になって空を見上げていると、「絶対にここでレースに乗るんだ」という気持ちが自然と湧き上がってきた。私が海外競馬に情熱を燃やすきっかけになった瞬間だったかもしれない。

その翌日のレースの迫力もすごかったが、エリザベス女王の至近距離でご一緒させてもらえたりと、本当に夢のようなひと時だった。イギリスで貴重な体験をして、その後は他の国も回る予定だったのだが、日本の高木先生からの電話がかかってきた。私が乗る予定の馬がレースで走ることになったから帰ってこいと連絡がきてしまい、後ろ髪をひかれながら最初の海外遠征は幕を閉じた。

それから7年後の1980年、私が次に足を踏み入れた地はアメリカだった。当時、お世話になっていた馬主に誘われ渡米して、ロサンゼルスのヒルトンホテルで騎乗ライセンスを取るための面接を受けた。

その時にはのちにエーピーインディの馬主になった日本人オーナーにもお世話になったりもしたが、英語はまったく話せなかったし、今の時代よりも鎖国的な雰囲気があって、いろいろな事情と不運が重なって実際にレースで騎乗する機会には恵まれなかった。

それでもサンタアニタパーク競馬場で調教に騎乗したりした際には、「こちら

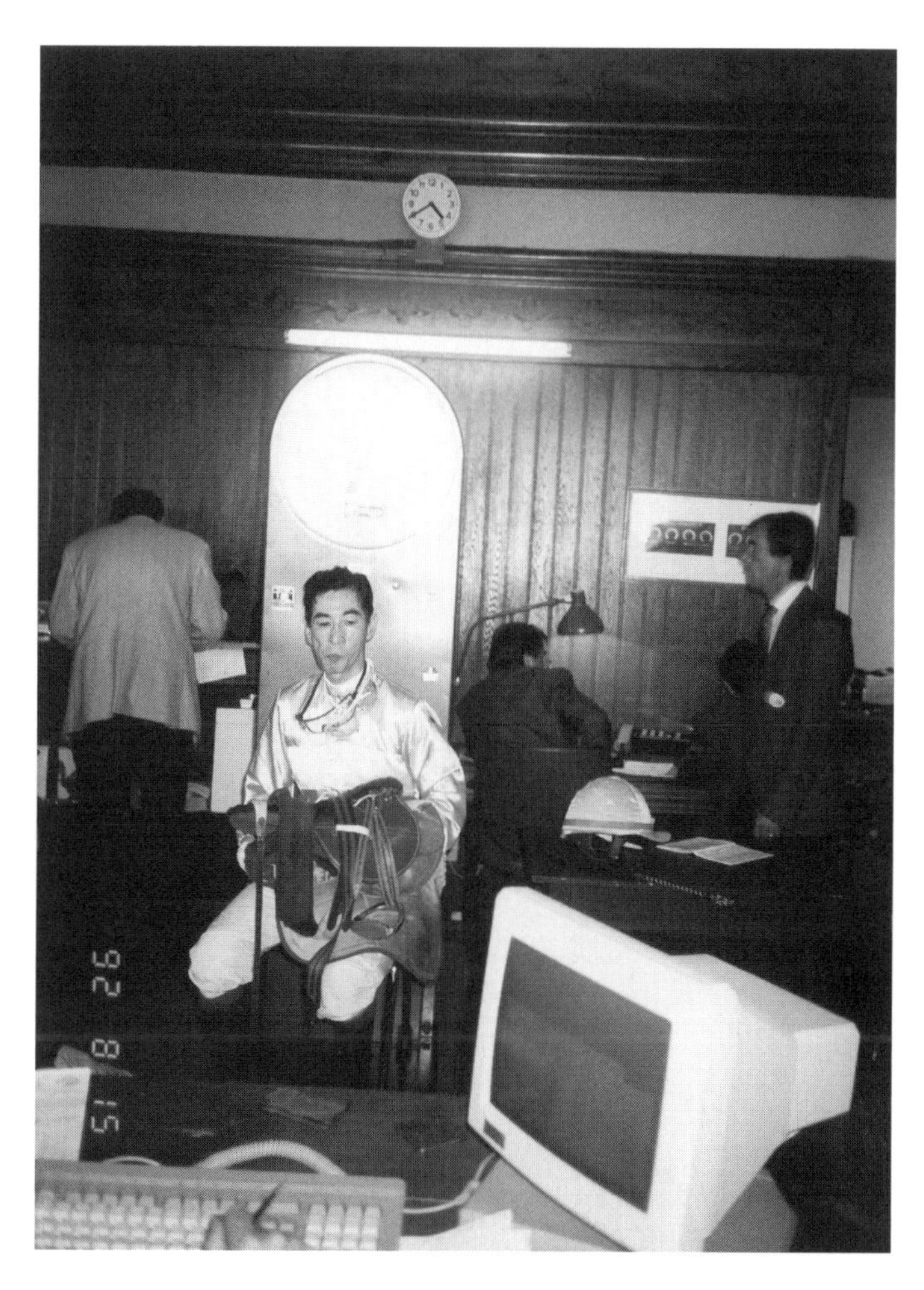

1992年、フランス遠征時。レース前の1コマ

1985年頃、フランス・ドーヴィルにて。キャッシュ・アスムッセン（右端）と

でもやれるんじゃないか。こちらに残って頑張ってみようか」と真剣に悩んだりもした。結局、家族の事情などもあって、泣く泣く帰国する決断を下したのだが、今でも現地に残って頑張っていたら、私の騎手人生はどうなっていただろうと考えることがある。

その3年後の1983年夏、単身フランスに渡った際はドーヴィル競馬場でついにレースに騎乗することができた。ここから数シーズン、渡仏することになるのだが、なかなか結果は出せなかった。私は日本のチャンピオンジョッキーではなかったし、そんなに簡単にチャンスのある馬が回ってくるはずもなかった。当

1990年、フランス遠征。ドーヴィル競馬場にて

時は「凱旋門賞とはいわない。その当日のレースに騎乗できるのなら、いくらお金を払ってもいい」とまで思っていた。それほど憧れ、切望していた舞台だった。

レースに乗ることだけが目的ではなく、ジャパンCで知り合った調教師の調教も手伝ったりしながら、少しずつ顔見知りの関係者を増やしていった。たしか4度目の遠征だったと思う。1990年、ドーヴィル競馬場のダルジャン賞という準重賞をハミという馬で勝ち、ついに初勝利を手にすることができた時の最高の喜びといったら、もう言葉ではとても表現できない。日本ダービーを勝った時も嬉しかったし、本来、競馬は中央の新潟競馬場だろうと地方の船橋競馬場だろうと、どこで勝っても嬉しいものだが、さすがにこの時は涙が出た。私は悔し涙を流すことは多かったが、嬉し涙は数えるほどしかない。

フランスでは合計5シーズン、のべ23レースに騎乗して1勝しかできなかったが、後悔などない。むしろ「もっと挑戦したかった。もっとフランスの風を感じたかった」という思いのほうが強い。馬の扱いからすべて、本当に何もかもが日本の競馬とは違った。一例を挙げるなら、当時のあちらのジョッキーは、ロッカールームでの支度から立ち居振る舞いが、とにかく格好良かった。パドックに行く前、鏡の前でしっかりと身だしなみを整えて、襟をピンなんかでとめている人もいた。

ジョッキーの「魅せる」という意識と感覚。海外での騎乗経験は、自分の原点といって過言ではない。

1990年、フランス遠征。ドーヴィル競馬場にて

第2章
優駿と憧憬

ダービーへの想い

私にとって日本ダービーは、いまだに特別なレースだ。

少年時代からトキノミノルの映画や、ダービーの映像を観て「騎手になってこのレースを勝ちたい」という気持ちをどのレースよりも強く抱いたし、新聞で結果をチェックしては、入場人員の数を見て想像を膨らませたものだ。調教師をやめてテレビ観戦するようになってからも、初めてブワーッと全身に鳥肌が立ったレースは、やはりダービーだった。

今の若い騎手は、例えば将来の勝ちたいレースにジャパンCや凱旋門賞を挙げるようになり、ダービーへの熱意がだんだん薄くなっている気がしているが、昔から日本の競馬、ホースマンはみんなが日本ダービーを目標にやってきた。フランスなら凱旋門賞、イギリスは〝キングジョージ〟とエプソムC、アメリカだったらケンタッキーダービー。それぞれその国を代表するレースがあって、例えばアメリカなんかはアメリカンフットボール、バスケットボールに野球、ゴルフと人気のあるスポーツがたくさんある中でも、ケンタッキーダービーだけは別格で特別扱いをしていることからも分かる通り、歴史をすごく大事にしている。

ダービーはなぜ、競馬サークルの人間を惹きつけるのか？

私自身、幼い頃から新聞やラジオを通してすごいレースであるというのはうっすらと分かってはいた。「騎手になったら乗ってみたい。勝ってみたい」と漠然としたイメージは持っていたが、実際にこの世界に飛び込んでみると、私が想像していた何十倍もの熱量があった。

まだデビューする前、なんなら競馬場に入ってくる前の牧場にいる段階、さらに言うなら生まれた直後から、その馬に対して「この馬はダービー馬になる」とみんなが騒ぎだす。それも一人、二人の話ではなく、ほとんどの関係者が、だ。競馬サークルとは無縁の人がその光景を見たら、さぞかし不思議で滑稽だっただろう。なんせ、あちらこちらの厩舎にダービー馬候補がいたのだから（笑）。

実際、ダービーの週になると、競馬場がある府中の町全体の雰囲気が変わっていくのを肌で感じた。普通に府中で生活をしている人々がダービーの話題で盛り上がっていたし、「ダービーウィーク」として、お祭りに近いワクワク感が町中に満ちていた。

一方の競馬サークルは、大一番を前に対照的な雰囲気となっていった。普段は仲良くしていた助手、厩務員、ジョッキー、調教師まで、自分の管理馬の出走が決まろうものなら、途端にピリピリしだして、とても話しかけられなかったほどだ。

実際、一度でもレースを見てしまった人間なら、みんなが虜になった。競馬場が揺れていると錯覚するほどの大歓声が起こり、騎手が生死をかけて挑む熱量は、そのままレースの迫力となっていた。それが昔のダービーだった。

また、今より盛り上がっていた理由としてはレース体系がある。当時、関東は関東、関西は関西でそれぞれのトライアルレースを勝ち抜いてきた馬がＧＩで初めて直接対決するという構図だった。力関係もよく分からない、戦ったことのない馬同士が皐月賞で初めてぶつかり、それがまたダービーへとつながっていく。当時は東西のライバル意識がバチバチの関係性だったし、その構図に加えて、時としてハイセイコー（1973年、1番人気3着）のように地方から大物が中央に挑戦してくる第三勢力もいた。見ているファンにとっては、たまらなく面白かったと思う。

現代の整備されたレース体系が駄目と言うつもりはない。時代の流れで競馬が変わっていくのは当たり前のことだ。ただ、それでも日本の競馬で永遠に残るのはジャパンCではなくダービーだと思う。はるか昔からホースマンが大事に作り上げてきたレースは重み、価値が違うからだ。

ダービー初騎乗の思い出

私はデビューから7年目の1972年に、ランドジャガーという馬で初めてダービーに騎乗した。

正直、初めて勝った時より、初めて参加したこの時のほうがよく覚えている。とにかく嬉しかったし、私にとってはこのレースに騎乗することが夢だったわけだから。子どもの頃は「ダービーを勝つんだ！」なんて簡単に口にしていたが、実際にこの世界に入って騎手人生をスタートしてみると、日本ダービーというレースは、参加するだけでどれだけ大変なことであることか身に染みて分かった。だから余計に舞い上がっていたのだと思う。

ランドジャガーは後の章でも詳しく書いているが、私の兄弟子にあたる高橋直(なお)調教師の管理馬だった。この年の高橋厩舎はダービー2頭出しだった。私のランドジャガーは6番人気で、ランドプリンスという馬が2番人気だった。レース当日は「おい、楽しんでこい」と調教師に送り出されたが、私自身は初騎乗でも勝つ気で挑んでいた。結果的に2400メートルの距離が長かったが、5着と健闘した。

その3年後の1975年の日本ダービーで騎乗した際は、レース中に「勝てるんじゃないか」と思わされた。私がコンビを組んだのはハクチカツという馬だったが、スタート後の中盤戦。向こう正面で手綱から伝わってくる感触が抜群だった。「こんな手応えを感じる馬でダービーに乗っているんだ」とゾクゾクした。結果は1番人気だったカブラヤオーが逃げ切ったが、私たちは7番人気で4着と、この年も人気より上の着順で終えた。

1977年の日本ダービーは、前の章で登場したヒシスピードと参戦した。この馬は短距離馬だったので13着（10番人気）に終わったが、この時代は出走する権利があれば挑戦するのがダービーというレースだった。とはいえ、健闘する年こそあっても勝利は遠かったし、私の近しい知り合いが次々と勝っていったことで複雑な気持ちにもなっていた。

大崎昭一(おおさきしょういち)さん、中島啓之(なかじまひろゆき)さん、そして同期の田島まで。普段、みんなでワーワー騒いで、寝食を共にした仲間が、どんどんダービージョッキーになっていった。

特に一番仲が良かった田島が最年少でダービーを勝った時は、腹の底では本当に悔しかった。「俺だって、絶対にダービージョッキーに」と思う一方で、「俺は一生なれねえのかな……」などと弱気になった時期もあった。

初制覇サクラショウリ

1978年。デビューから13年目で31歳を迎えた年だった。

サクラショウリは、この馬のキャリア4戦目からコンビを組んだ馬で、1200メートルを走った時はいい脚を使ったが、1600メートルのレースではギリギリ何とか勝てたというようなレースをしていた馬だった。距離が延びるにつれて短距離のほうがあっているのかなと思うようになっていたが、迎えたクラシック第一弾の皐月賞で少し前向きな気持ちになった。レースは出遅れてしまって3着に終わったが、脚を余して負けたレースだったので、乗り方ひとつではダービーの2400メートルも持つかもしれないという感触を得ることができたからだ。

ただ、皐月賞の後、嬉しい誤算、いや、逆に悩みが深まる状況が私を待っていた。サクラショウリが恐ろしいくらい体調が上がっていったのだ。普通なら具合が良くなることはプラスでしかないのだが、そのぶん、馬に元気、やる気があるので、こちらが意図したペースを無視してどんどん走りたがってしまう。皐月賞の2000メートルから、ダービーは2400メートルに延びることもあり、序盤からそのように前向きなところを出し過ぎてしまうと、人馬のリズムが悪くなって最後までスタミナが持たなくなる。

勝ちたい気持ちは強かったが、反面、絶対に距離が長いとも考えていた。ダービーまでの調教でグングン具合が良くなるのを目の当たりにして、「自分の乗り方ひとつで勝敗は決まる」と思いながらも、自信は持てなかった。ただ、勝負の前に弱気な気持ちを人に漏らしたり、悟られたりするのは絶対に嫌な性分。ちょっとでも評価を下げられたらムカついたし、新聞記者の質問に対して、「なんで俺の馬が1番人気（レースは2番人気）じゃないんだ」などと生意気な口をきいていた。「俺とサクラショウリが負けるわけがないだろ」なんて感じで、強気に振る舞っていたわけだ。内心の思いとは裏腹に。

レースが直前に迫っても、距離を克服する絶対的な自信は持てなかった。私は悩みに悩んだ結果、距離の壁がある馬に対してギリギリまで我慢するよりも、逆に元気があるうち、スタミナが残っているうちに勝負をかけて、先に抜け出して前で辛抱させようという作戦で腹をくくった。

迎えた本番。とにかく気性が激しい馬だったし、皐月賞で出遅れたこともあったので、スタートには細心の注意を払った。全神経を集中させて上手くゲートを出すことができたのは大きかったし、道中、私とサクラショウリのリズムはピタリと重なり合い、人馬が一体になれたような感覚だった。レース前はあれほど距離の心配をしていたが、実際に乗っている時は距離損は考えず、いいポジションをキープすることだけを心がけていた。4コーナーを回って迎えた直線。当初の予定通り、早めにゴーサインを出して必死で追いまくった。

その時の心境はいまだに忘れられない。後ろの馬に差される恐怖心で、ゴール板が逃げていく感覚を味わったのだ。こちらは逆算してゴールに先頭で到達しようと必死に追っているのに、ゴール板が遠のいていく。どんどん前にいってしまう。他のレースでは一度も味わったことがなく、そういう感覚になったのは初めてだった。

サクラショウリと念願の日本ダービー制覇のレース
写真：産経新聞社

必死の思いで追っていて、ようやくゴールが見えてきたと思ったら、突如、福永洋一君のピンクの帽子（馬はカンパーリ）が視界に入ってきた。あれにはギクッとした。不思議なもので、ああいう極限状態の時、騎手は後ろの馬も見えているものだ。

とにかく必死に、無我夢中で追った結果、後続の追い上げを何とか振り切って先頭でゴールすることができた。普通ならガッツポーズが出るところだが、実際は「はあぁ」という安堵が体中を支配した。実際、ゴール板を過ぎた直後には福永洋一君が乗っていた3着馬にものすごい勢いで追い抜かれたし、レースが終わ

1978年、日本ダービー初制覇。
初めてレース観戦に呼んだ母とともに（馬の左3人隣）

った直後は喜びより、心からホッとしたという気持ちだった。

私の悲願が達成された日は、私が「おやじ」と慕う全演植（ジョンヨンシュク）オーナーにとっても最高の1日となった。あまりに嬉しすぎたのか、わけが分からなくなったオーナーは、なぜか私を引き連れて競馬場から事務所がある会社まで歩いて帰り出した。全オーナーは府中でスーパーなどを展開していて、所有馬の結果いかんで半額セールなどをやっていたこともあって、町の人に見つかるや、すぐにワーッと人だかりができた。握手攻めだった主戦騎手の私以上に、チップを渡してまわっていたオーナーの周りには人、人、人。なんとか事務所まで帰りついた時、オーナーの財布の中は空っぽになっていた(笑)。

その後も、とにかくお祝い、お祝い。わけが分からなくなるほどお祝いしてもらった。祝勝会だけで目が回るような忙しさだった。ダービージョッキーになったのだから技術アップをしなきゃいけない。より一層、努力もしなきゃいけないのに、本当にそれどころではなかった。

ダービーというレースは、本当に中毒のようなものだ。「俺はもう馬主を辞めてもいい！」なんて言っていたオーナーが、時間が経つと、「太よ、もう1回、あれ、勝ちたいなぁ」なんて口にし始めた。私自身、「死んでもいい。もう、いつ辞めてもいい」などと言っていたくせに、「もう一度、勝ちたい。あの最高の舞台で、また輝きたい」という思いが、時間の経過とともに心の中で大きくなっていった。

そんな心境で、ひたすらチャンスを待ち続けたダービー初制覇からちょうど10年後。サクラチヨノオーとの出会いで、夢の続きが動き出す。

2勝目サクラチヨノオー

「サクラチヨノオーってどんな馬だったんですか？」

ファンや競馬関係者に聞かれた時、「人間で例えるなら、線の細い優男」と答えたりすることがあったが、私の感覚としては気持ちがズブいのか、肉体的にズブいのか、よくわからないところがある本当に渋い馬だった。

デビュー戦は1987年8月8日、函館の芝1000メートルという条件だった。レース前、私の弟弟子でもあった松本重春調教助手から「大きな仕事をする馬になるかもしれない」と聞いていたが、いざスタートすると全く進んでいかない。序盤から追走で手一杯で、4コーナーではとても届かないと思っていた。ところが直線に入ると別馬のようにスイッチが入り、本当にものすごい脚を使い、終わってみれば3馬身以上の差をつけて圧勝してしまった。ずっと追いまくっていたのでゴール板を過ぎた後は私の足がガクガクになったが、そんな疲れも吹き飛ぶくらいのパフォーマンスだった。

2戦目の芙蓉特別（オープン）も2馬身半差で2連勝。続くいちょう特別（オープン）は不良馬場とスムーズさを欠いたこともあって2着に敗れたが、同世代では上位の力があることを確認。ただ、自信を持って向かうはずだった朝日杯3歳S（現朝日杯FS）の直前、ある不幸に襲われた。

そのGⅠのちょうど1週間前の日曜日だった。突然、父が危篤との連絡が入った。実はだいぶ前から意識のない状態が続いていたので私なりに覚悟はしていたが、その日の騎乗を終えると急いで北海道の実家に戻った。父が生きているうちに顔を合わせることはできたが、その翌日、静かに息を引き取った。そこからは慌ただしく水曜日に葬式をあげ、すぐに美浦(みほ)トレセン（トレーニングセンター）に戻った。木曜日にチヨノオーの最終調教に乗るためだった。

そこからレースまでは、父の顔や思い出が浮かんでは消え、という数日間を過ごしたような気がするが、実際の競馬自体はそんな感傷に浸る間もないほど激しかった。スタートした直後から岡部幸雄騎手が乗ったツジノショウグンという馬とのマッチレース。ぴったりと馬体を併せて競り合う形が続いたが、この時ばかりは絶対に引くつもりはなかった。直線も長く競り合いが続いたが、とにかく追って追って追いまくった結果、ゴール板でわずかに首だけ前に出て、勝利をつかみ取ることができた。

もちろんチヨノオーの能力があってこその勝利だったが、見えない何かが後押ししてくれた不思議な気にもなった。

翌1988年初戦の共同通信杯4歳S（現共同通信杯）は4着に終わったが、続く報知杯弥生賞では断然の1番人気に支持されていたサッカーボーイを下して勝利した。トライアルレースを快勝して迎えた3冠初戦の皐月賞だったが、2番人気に支持されながら3着。自分としては満足のいく騎乗ができたのに負けてしまったことで、私が以前から危惧していた欠点が露呈してしまったように感じた。それは「切れ味」だ。

チヨノオーは、直線でライバルをまとめて差し切るほどのスパンとした末脚を持っていなかった。気性的にも本当につかみどころのない馬で、ちょっと気に入らないことをされるとカーッと燃えてみたり、反対にやる気をなくしたりする難しい性格だった。能力を感じていた一方で、「絶対に勝てる」という確信を持てないまま、この年（1988年）の日本ダービーを3番人気で迎えることとなった。

レースは私の内心の弱気とは裏腹に、完璧な騎乗ができた。16万人という大観衆にのまれることもなかったし、今の18頭立てよりも多いフルゲート24頭だったのでスタートがかなり重要だったが、もまれずスムーズに1コーナーを3番手で回ることができた。馬が気分良さそうに走っているのも感じていた。「よしよし、この調子だぞ」。馬だけではなく、自分にも言い聞かせながら、ゆっくりと、余裕を持って勝負どころを迎えた。スパッと切れる脚はなかったので、平均ペースで運んで最後まで我慢させるという理想の展開に持ち込めたのも大きかった。直線に入ると各馬の地力比べのようなレースになり、私とチヨノオーはラスト400メートルを切って先頭に立ってそのまま押し切りを図ったが、内からメジロアルダン（2着）がスルスルと迫ってきた。騎乗していたのは岡部幸雄騎手。そう、朝日杯の時に大接戦を演じた馬の鞍上(あんじょう)だ。彼は並びかけたらチヨノオーが強いことを身をもって知っていたから、馬体を併せず、出し抜けを図るように

サクラチヨノオーとのダービー制覇2勝目の瞬間
写真: 産経新聞社

一瞬で抜き去って半馬身ほど前に出られた。

　競馬は一度差されてしまったら、もうほぼアウトだ。終盤で逆転されると、特に大きなレースほど肉体的にも精神的にもガクッときてしまうもの。気持ちが折れて当たり前の展開だったが、しかし、あの時ばかりは自分を奮い立たせた。なんせ、スタート、ポジショニング、馬とのコンタクトと、ミスらしいミスがなかったからだ。相手がいる戦いで理想の競馬なんて、なかなかできるものではない。それが直線まで最高の騎乗ができたのだから、「ここまできて負けるわけにはいかない」という気持ちだった。どんな変な格好のバラバラのフォームになろうと「馬に絶対に伝える」と最後まで諦めなかった。ラストの100メートル手前からバチバチと左手でステッキを入れて、右手は馬を押して押して、腕がちぎれてしまうんじゃないかというくらい押した。なりふり構わず、我を忘れて追った結果、最後の最後に再び首だけ差し返すという奇跡のような勝利を手にすることができた。

これまで私が騎手をやっていて、そこまでの気持ちになって乗ったレースはいくつもない。自分では結構淡泊な人間だと思っていたが、のちにこの時のような「どうしても勝ちたい」という気持ちでいれば、もっと勝てたレースがあったのではないかと考えることもあった。この年のダービーは売り上げが前年を約50億円も上回る260億9266万6100円で、当時のレコード（前年の有馬記念251億8454万9500円）を越える売り上げを記録した。多くのファンが楽しみ、記憶にも残ったであろう激戦は、長く騎手をやっていた私にとっても、また自分の違う一面を発見させてくれた忘れられないレースとなった。

涙がこぼれたサンエイソロン

サクラショウリ、サクラチヨノオー。私をダービージョッキーにしてくれたこの2頭との思い出は尽きないが、本当のことを言うと、脳裏に深く刻まれているのは負けたレースだ。意外かもしれないが、上手くいったレースというのはそんなに残らないもの。でも、負けたレースは駄目だ。永遠に残ってしまう。

自分でも気持ち悪いと思うのだが、私は78歳になった今でも夢でレースに乗っている。うなされて、パッと目が覚めて、「あぁ、そうだ。俺はもうレースに乗ることはないんだ」と安堵する。そんな悪夢を見てしまうくらい心も体も「ジョッキー」が染みついている。そんな私にとって最高峰のレースがダービー。当時は今より出走頭数が多かったこともあって、レースは本当に大変だった。毎回、それこそ戦場に出るような気持ちで挑んでいたが、大きなチャンスがあったにもかかわらず勝てなかった馬がいる。最初に思い出すのはサンエイソロンだ。

この馬はなかなか条件戦を勝てなくて、途中で私に騎乗の依頼がきた。この馬のいろいろなレースを見て研究したが、1番人気で負けた時なんかも、スーッとたれてしまう感じ。変だなぁと思って何度も映像を見返したりしていた時、突然、「あッ！」と頭の中にある乗り方がひらめいた。「ひょっとしたら、この馬は馬込みに入れて馬群を割るようなレースをすれば真剣に走るのでないか」と。

あくまでも直感だったが、レースで実践してみると、あっさりスプリングSを快勝した。皐月賞は体調が整わず出走が叶わなかったが、ダービーの前哨戦として出走したNHK杯では皐月賞馬のカツトップエースを負かして優勝。本番のダービーは1番人気に支持されることになった。

結論から先に触れるが、この年（1981年）のダービーはカツトップエースが逃げ切って牡馬クラシック2冠を達成した年だ。私が騎乗したサンエイソロンは4コーナー16番手から猛然と追い込んだが、2着に終わった。

見ていた人からすると、なぜ4コーナーから邪魔な馬がいないところに出さな

サンエイソロン。1981年スプリングS　写真：産経新聞社

かったのかと思っただろうし、実際、そういう声も耳にしたが、私からしてみれば「違うんだ！」という気持ちだった。

馬群を割って出る成功体験があったことで、ダービーも直線の最後の坂下から馬込みに突っ込めばすごく切れる脚を使うという自信があった。実際、そういう乗り方をしたわけだが、直線に入ると馬群が開くどころか狭まった。窮屈になって、なかなかスペースに入れなかった。それで仕方なく外に切り替えたのだが、カツトップエースが思いのほか粘り強かったこともあって、「捕まえる、捕まえられる」と思って必死に追ったが、写真判定に持ち込まれた大接戦はわずか数十センチ、届いていなかった。

普通のレースでもハナ差負けなどの惜敗は何度もある。ただ、ダービーにかける思いが誰よりも強かった私は、「ダービーに限ってハナ差負けでもしようものなら切腹する」と自分を追い込んでいた。だから、サンエイソロンが負けた直後は本当に自殺してしまいそうなほど悔しかった。

本当に悔しすぎて、馬を降りるとすぐトイレに駆け込んで涙を拭いた。

出遅れ響いたアズマハンター

痛恨のレースとなったサンエイソロンの翌年のダービーもまた、私にとっては忘れられない悔しい敗戦だ。

この年（１９８２年）は中島啓之さん（１９４３年６月７日生まれ）という先輩騎手が騎乗したアズマハンターが皐月賞を勝った年。ただ、中島さんは奥平真治厩舎のトウショウペガサスがダービーを使う予定になっていて、先に騎乗の約束をしていたこともあり、アズマハンターには乗れなかった。乗り替わりが当たり前になった現代競馬とは違い、昔は義理、人情を優先するのが当たり前だった。それがたとえ強いＧＩ馬でもだ。そういう状況で、「他のやつよりは太だろう」とアズマハンターの鞍上に推薦してくれた。あの人は、私からしたら仏様みたいな人だった。

中島さんは4年ほど先輩だが、すごくかわいがってもらっていた。私からすると、かなり上手い騎手だったが、その頃の私もそれほど低評価はされていなかったという状況もあって、私の1982年のダービー騎乗馬が決まった。

アズマハンターが乗り難しい馬だというのは知っていた。中島さんと一緒に酒を飲んだりした時に、急にハミ（馬の口にかませる金具）をかんだりするところがあるというのを聞いていたからだ。皐月賞は着差以上に強い、桁外れの走りだったのでダービーで本命（1番人気）になるであろうことは予想できたが、馬のことを完全に手の内に入れているというわけではなく、馬の癖を完全に把握していたわけでもなかった。

この年は28頭立てだったが、痛恨の出遅れに加えて、スタートしてすぐ前に入られて進路をふさがれてしまった。ダービーで騎乗する全騎手が目指すのは、まずは最初の1コーナーのカーブ。外の馬はかなり外を回らされることになるから、最初の勝負どころでグッと切り込んでくるのは当たり前。不利は受けても私はすぐに切り替えはしたが、「ダービーポジション」からほど遠い、ほぼ最後方からの競馬を余儀なくされたのは事実だった。

それほど長い距離は得意じゃないと聞いていたこともあったし、引っかかる心配もあったので、道中は折り合いを大事に乗って、流れに乗ることを心がけた。勝負どころから進出して、直線は必死になって追ったが、やはり最後は馬に対する自信、信頼がわずかに足りなかったことが、結果（3着）に影響したように思う。仮に、もう少し思い切った騎乗で早めに出して行けば勝っていたかもしれないし、逆に止まっていたかもしれない。これればかりは誰にも分からないが、いまだに悔しい気持ちになるダービーだったのは間違いない。

幻のダービー馬サクラローターリー

最後に、私が騎乗した中でも忘れられない1頭、サクラローターリーについてこの章で触れておきたい。

私がこの馬の話をする時には、よく「幻の最強馬」というような表現をするが、本当にすごい馬だった。

デビュー戦は1986年9月の中山の芝1600メートル。スタートを切って4番手につけると、直線は最速の末脚を使って勝利した。こちらがゴーサインを出すまでジッとしていて、ゴーサインを出したら、どこまでも伸びていくような馬だった。

「これはダービーどころか、すべてのレースを勝てるかもしれない」

期待ではなく確信に近い思いを抱けるほどの能力を感じた。

実際、キャリア2戦目だった同年10月のりんどう賞（400万クラス）では、のちにこの年の朝日杯3歳S（GⅠ）を勝って同世代のチャンピオンとなり、翌1987年のダービー馬に輝くメリーナイスを負かしている。

そんなサクラロータリーに悲劇がおきたのは、1986年11月のキャリア3戦目だった。府中3歳Sというオープンのレースで、この時も断然の1番人気に支持され、人気通りに抜群の手応えで進んでいたのだが、先頭でゴール板を駆け抜けようとした直前、後肢を骨折してしまった。レースは何とか1着で終えることができたが、その後、回復不可能と診断されて、予後不良となってしまった。

今でも「あの馬が無事だったら」と考えることがある。これまで書いてきた馬とは違い、ダービーには出走できなかったが、今でも私の中では幻のダービー馬として、深く心に残っている。

第3章
騎手と友情

不器用な騎手

これは謙遜でも何でもないのだが、私ほどセンスがなくて不器用な騎手もいなかったと思う。仮に私に普通の騎乗レベルがあって私くらい情熱や気持ちがあれば、チャンピオンになれていたはずだ。

技術だけではなく、体格の面でも苦しんできた。騎手になった当時はまだサウナなんて便利な施設はなく、湯船に熱湯を出しっ放しにして、それにフタをして首だけ出したり、浴室を蒸気まみれにして、毛布を体中にまいて浴槽の板の上に乗って汗を出すこともあった。レースまでに5キロ以上減らさなければいけなかった時期があり、減量で体力を削られすぎて脱水症状で競馬が終わって即入院したこともあった。

普段から節制しておけば、なんて軽く考える人がいるかもしれないが、特に昔は、競馬に乗るだけではなく、厩務員の手伝いから力仕事から何でもやっていたから、自然と筋肉がついてしまった。その筋肉が簡単には落ちないのだから、本当に始末が悪かった。私のある先輩なんかは、サウナに5時間入りっぱなし。でも、汗なんか出てきやしない。意識がもうろうとなった結果、サウナで体に付着した蒸気を汗だと勘違いし、喜んで体重計に乗っても減っていない。そんな悲劇的な光景を何度も目の当たりにしてきた。私自身、騎手晩年の40代になっても、毎週4キロ落としていた。

なんとか競馬に乗れる肉体に仕上げても、今度は頭脳をフル回転させる必要があった。センスがあって器用に乗れるライバル、いわゆる他のジョッキーとの差を少しでも埋めるため、私はレース前に何十通りもシミュレーションして本番に臨むことを常としていた。騎手全員の癖、馬の癖を読む。脚質ではなく、馬の気性、性格の癖だ。ライバルだけではなく、自分の馬がスタートを出た時、出遅れた時も想定したし、外の騎手はこうだとか、この馬は下げるだろう、出して行くだろうなどと考えに考えた。実際、頭の中のイメージ通りにいくレースなんてほとんどないのだが、準備、対策を講じておくことで、少しでも勝利に近づきたかった。

私からみた上手な騎手とは、レースを上手く運べる。馬の特徴をつかめる。あとは、大一番で力を発揮できる、これも重要だ。ふだんからソツのない乗り方をする人間に限って、大切なレースでは大胆さに欠けることが多いからだ。

芸術家、作家、芸能人、歌手。もちろんスポーツ選手もそうだが、私が尊敬する人は多い。ただ、地球上で一番憧れる、惚れてしまうのは、やはり昔からずっと騎手だ。

フランスのサンマルタン、アメリカのシューメーカー、アスムッセンにエリザベス女王からサーの称号をもらったレスター・ピゴット。海外の一流騎手にも憧れたが、それ以上に日本のジョッキーにも素直に尊敬の念を抱いていた。先輩、後輩、年齢は関係ない。これまで本当に数え切れないほどの素晴らしいジョッキーに刺激を受けてきた。

野平祐二

まず最初に思い浮かぶのは野平祐二さんだ。

年齢は20歳近く上の大先輩だが、とにかくおしゃれで、格好よくて、強い人でもあった。競馬もプライベートも、私にとってはすべてにおいて憧れの存在。海外競馬の先駆けで、あの人と保田隆芳（やすだたかよし）さんの2人が日本に近大競馬の乗り方を持ち込んだと言っても過言ではない。

そんな偉大なジョッキーとの忘れられないエピソードがある。私がプロ2年目で障害レースに挑戦するようになった話は先述したが、障害重賞を勝ったあと、野平さんに、

「もう駄目よ、障害に乗っちゃ」

と言われた。フォームが崩れるというのが理由だった。

もともと騎手はファンを魅了しなければならないという美学を持っていた人だったし、そこは私も共感できるところだった。その時にピシッと言われて以降、私は障害レースの騎乗をピタッとやめた。

野平さんは騎手引退後に、シンボリルドルフを管理した調教師として有名だが、個人的にはピュアーシンボリという馬でステイヤーズSを連覇（1981、1982年）した思い出が強く印象に残っている。スピードのない馬だったが、長く脚を持続させるような乗り方で結果を出すことができた。野平さんの厩舎の馬で重賞を勝てたことは、少し恩返しできたような気持ちになったし、何より野平さんがとても喜んでくれたのが本当に嬉しかった。

私がまだジョッキーだった頃、「お前は調教師なんかやるんじゃないよ」とボソッと声をかけられた。騎手が最高なんだ、という意味だったと解釈している。騎手、調教師としても歴史に名を刻んだ偉大なレジェンドだが、野平祐二という人は、やっぱり最後までジョッキーだったと思う。

蛯名正義

蛯名正義調教師（いつも呼んでいる正義と書かせてもらう）とは、それこそ彼がトップジョッキーになる前からの間柄だ。

今や競馬界のレジェンドといわれている武豊騎手と同期で、当時の注目度は彼の10分の1もなかったかもしれない。デビュー時はまだ体も細くて道中なんかもスラーッと乗るんだが、直線入って追い出した時の迫力に「オッ、こいつは（トップに）上がってくる」と直感的に感じたのを覚えている。

今の騎手は格好よく乗るけれど、私の時代はまだ日本の競馬はイギリスやアメリカよりも半世紀遅れていた。そこから野平祐二さんがモンキースタイルを浸透させて、若い騎手にもアドバイスしてくれるようになって、少しずつ進化していった。

それから相当あとになって豊と一緒にデビューしたのが正義だったのだが、馬に負担をかけないできれいに乗っているわりに迫力があった。

「このジョッキーは絶対に一流になれる」と確信していたが、私もまだ現役の騎手同士だったその当時は、本人を褒めるようなことはしなかった。今だから言えることで私が少しだけ自慢できるのは、彼がトップジョッキーだと世間から認識される前から、高く評価していたということだ。

自分が現役である間は、一切「よいしょ」はしなかった。やはり自分の中では同じ騎手としてライバルという意識があったから。

褒めるということは、自分より上手いと認めるようなもの。「あいつにはかなわない」なんて、馬に乗っている限り、騎手をやめるまで絶対に認めたくなかったし、負けたくなかった。我ながら、いやらしい性格をしていると思う。

ただ、本人には言わなかったが、周りの競馬関係者には「あの騎手はすごいぞ」と言っていたし、私が騎手を辞めて自分で乗れなくなったら、彼に（自分の乗り馬を）託そうと思っていた。

今でも覚えている、とても気分が良かったエピソードがある。私が騎手時代に乗っていたサクラキャンドルという馬に、引退した私の代わりに正義が乗った時、（谷岡牧場の）谷岡さんが、「いやぁー、蛯名さん、太さんに似ていてかっこいい」ってボソッと私の横でこぼした時は本当に嬉しかったし、その時、私の腹の中では小島太厩舎の主戦は正義でいくと決めた。

彼は今時の人間としては珍しい、義理堅い人間だった。そういう男だから、なおさら「厩舎の主戦騎手に」という思いは強かったし、そういうホースマンだからこそ、マンハッタンカフェの主戦を任せた。

この馬には11戦中9戦でコンビを組んだのだが、実は1度、本人をすごく怒ったことがあった。

マンハッタンカフェはデビュー前から相当な素質を感じていたが、若駒の時はでかくてだらしない馬で、完成は先になると思っていた。皐月賞、ダービーも将来を考えて出走を諦めたのだが、私の想像より早く、3歳の夏場になって急成長し始めた。

イメージ通りの結果が出るようになってきたこともあり、正義には夏の早い時期に「セントライト記念（9月）は乗れるように絶対、体を空けておけ」と伝えていた。
にも関わらず、レースが近くなったある時、正義が「セントライト記念には乗れない」と連絡してきたのだ。ただ、その後の菊花賞は乗れると。その時は本当に頭にきたし、本人を怒った。怒るには怒ったが、感情任せではなく、「私が怒らないと馬主が嫌な気持ちになる」と考えたうえでの行動でもあった。

私の中にも「この馬は正義じゃないと駄目だ」という気持ちがあって、セントライト記念は仕方ないとしても菊花賞には正義を乗せたかった。

そこで私が取った行動は、どういう結果になろうとセントライト記念1戦だけという条件で、二本柳壮騎手にセントライト記念の騎乗を依頼した。普通に考えたら、二本柳騎手にはすごく失礼な話だ。仮にセントライト記念を勝っても、次のGIに乗れないというのは、依頼するこちらとしても気持ちのいいものではなかった。それでも、やはり正義と一緒に菊花賞で闘いたかった私は、二本柳騎手の師匠にまで頭を下げにいった。

今だから明かせる話だが、このエピソードに限らず、レースに挑むにあたって、調教師という仕事は馬を仕上げる以外にも結構、苦労することが多かった。

蛯名正義は重賞129勝、GⅠは26勝もした日本の歴史に残る成績を残した し、日本人で唯一、凱旋門賞で2着が2回ある。まぎれもなく一時代を築いた騎手だ。ただ、そんな彼でもダービージョッキーの称号だけは届かなかった。2012年のフェノーメノがハナ差、2014年のイスラボニータはコンマ0秒1差。本当に惜しかった2着が2回あった。

本人も相当悔しい思いをしたと思うが、私はこう思っている。蛯名正義というジョッキーだったから僅差の負けだったのだと。彼の技術で、あそこまでの接戦に持ってくることができたのだと。

私の中で長距離レースでは正義と武豊が抜けていた。他の騎手が気付かないうちに消耗させているところで、彼らは消耗させていない。これが本当に上手い騎手。これは努力だけではできない、持って生まれたセンスだ。自分でもよく分かっていないかもしれないが、「おまえはそこが違うんだ」と時々、本人に伝えていた。安心して見ていられる騎手だった。

そんな彼も51歳でムチを置き、2022年から調教師のスタートを切った。彼は昔のホースマンの感覚を持っているし、歴史的なトップホースの背中を知っている。超一流の馬に乗った感覚というのは、口だけで伝えられないものもある。私は以前から抜きん出た才能でジョッキーという職業をやり抜いた人が調教師になって欲しいとずっと思っていた。彼の欠点も長所も知っているけれど、正義なら絶対に成功できると確信している。それこそ、彼が新人ジョッキーだった時に感じた時と同じように。

郵便はがき

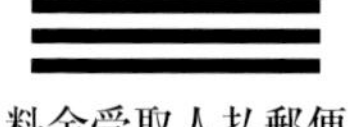

料金受取人払郵便

小石川局承認

1158

差出有効期間
2026年6月27
日まで

切手をはらずに
お出しください

112-8731

東京都文京区音羽二丁目
十二番二十一号

講談社エディトリアル 行

ご住所	□□□-□□□□		
(フリガナ) お名前		男・女	歳
ご職業	1.会社員　2.会社役員　3.公務員　4.商工自営　5.飲食業　6.農林漁業　7.教職員 8.学生　9.自由業　10.主婦　11.その他（　　）		
お買い上げの書店名	市 区 町　　書店		

このアンケートのお答えを、小社の広告などに使用させていただく場合がありますが、よろしいでしょうか？　いずれかに○をおつけください。

【 可　　不可　　匿名なら可 】

＊ご記入いただいた個人情報は、上記の目的以外には使用いたしません。

TY 000015-2405

愛読者カード

今後の出版企画の参考にいたしたく、ご記入のうえご投函くださいますようお願いいたします。

本のタイトルをお書きください。

a 本書をどこでお知りになりましたか。

1．新聞広告（朝、読、毎、日経、産経、他）　2．書店で実物を見て
3．雑誌（雑誌名　　　　）　4．人にすすめられて
5．書評（媒体名　　　　）　6．Web
7．その他（　　　　）

b 本書をご購入いただいた動機をお聞かせください。

c 本書についてのご意見・ご感想をお聞かせください。

d 今後の書籍の出版で、どのような企画をお望みでしょうか。興味のあるテーマや著者についてお聞かせください。

ご協力ありがとうございました。

田中勝春

みなさんもご存じの通り、田中勝春(たなかかつはる)は50歳を越えた今でも若々しいが、デビュー当初なんかは童顔で本当にかわいい顔をしていた。ただ、その見た目からは想像もできないほど馬をコントロールするのが達者で、あれあれ？　と思った。俄然(がぜん)興味が湧いて話しかけてみると、私と同じ北海道の出身で、小さい頃から馬が大好き。誰に言われるでもなく乗ったり、触ったりと、生活の中に馬がいるのが当たり前だったという。私の幼少期と重なる部分が多かったし、当時はそういうタイプのジョッキーが少なかったこともあって一気に親近感を覚えた。

それこそ彼のことはデビュー時からずっと見てきたが、騎手としての能力は私なんかよりはるかに上。男としての根性もあるし、正直、もっともっと上にいくジョッキーだったと思っていただけに、私としてはもどかしい気持ちになることもあった。勝春は人の良さというか、他人を蹴落としてでも、という部分には欠けていたように思う。

ただ、そういう優しい性格だからファンから「カッチー」という愛称で親しまれて絶大な人気を誇っていたのだろうし、今時では珍しいくらい義理人情を大事にする性格が、競馬関係者から信頼されている理由だろう。

競馬ファンが小島太と田中勝春でパッと思い浮かぶのは、やはりサクラプレジデントだろうか。この馬は父がサンデーサイレンスで、母の父はマルゼンスキーという血統。良い背中をしていて動きがしなやかで皮膚感も良かった。とにかくデビュー前から期待が大きかった馬だ。札幌の芝1200メートル戦でデビューして3馬身半差で快勝。一気に距離を延ばした1800メートルの札幌2歳Sも後方から徐々に内を突いて上がっていき、直線もしっかり伸びて重賞初制覇を飾った。どちらのレースも勝春がスムーズに運んでくれたことで、安心して見ていられた。

その後は朝日杯FS、皐月賞とGIで連続2着。いずれも首差、頭差という惜敗で悔しい思いもしたが、同世代ではトップクラスの能力があることを確認できたレースでもあった。小島太厩舎の悲願、何より勝春に勝ってほしいと力が入っていた2003年の日本ダービーのことだ。サクラプレジデントは、この血統通り、少し気難しいところがあるタイプで、スタートに不安があった。当日はあいにくの雨で重馬場でのダービー決戦。最善を尽くすため、私はカッパを羽織って馬場に出ると、自らゲート裏まで誘導して大事なスタートを目の前で見守った。そのゲートを互角に出た瞬間、「ヨシッ！」と大きな声が出ていたらしい。私は全く覚えていなかったが、レースが終わって勝春に「声が聞こえたよ」と指摘されたのは、今になっては良い思い出だ。このレースの結果は7着だったが、私も彼もやれるだけのことはやったので心残りはない。

熱心な競馬ファンなら、疑問に思った方もいるかもしれない。なぜ、クラシックを狙うような馬が新馬戦で1200メートルを走ったのか？　と。今だから明かせる秘話だが、実はサクラプレジデントは短距離タイプだった。馬体は肩が立っていて、少し首が短め。こういう体型は長い距離はきついことが多い。もし、当時より競走体系がより整備された現代に生まれていたら、スプリントとマイルのＧⅠを総なめするようなチャンピオンホースになっていたと思っている。

1200メートルだったらあのサクラバクシンオーより強かったかもしれない。ただ、オーナーの馬であり、やはり可能性があるならクラシックを目指すというのが当時の王道。私も勝春もそれは十分に分かっていたから、何とか適性距離より長いレースでも力を発揮できるよう試行錯誤したものだった。

勝春はイーグルカフェで2002年の七夕賞を勝ってくれたし、マンハッタンカフェが凱旋門賞に挑戦した時もついてきてもらった。気になってちょっと調べてみたら、小島太厩舎として72戦も重賞の騎乗依頼をしていた。それだけ技術をかっていたという証しの数字だろう。

そんな彼も2023年の12月31日で騎手を引退し、25年の3月5日から田中勝春厩舎を開業した。物心ついた時から馬と過ごす人生で、すごく馬を知っている。それに彼のジョッキーとしてマイナス面だったように感じた優しさ、人当たりの良さは調教師としては良いほうに向かうと思うし、田中勝春厩舎のこれからが私の人生の楽しみのひとつだ。

四位洋文

四位洋文も、それこそデビューの時から注目してきた騎手だ。

競馬の専門用語で「鞍はまり」と言う表現があるが、分かりやすく言うと馬に乗った時の全体的なシルエットがすごくいいこと。実はそういうジョッキーは何人もいない。馬との体の接し方がいいし、とにかくセンスがあって、きれいに達者に乗る、私の好きなタイプのジョッキーだった。

デビューして間もない頃から話をするようになり、調整ルームの食堂で長い時間を共にするようになって以降、ずっとかわいがってきた。彼はよく私に「ジョッキーとしての所作を教わった」というようなことを言ってくれるが、本当に公私にわたって深い付き合いだった。

私が騎手を引退した1996年に、彼がGⅠを初めて勝った。サンデーサイレンス産駒のイシノサンデーという馬で見事に牡馬クラシックの皐月賞を制したのだが、当時は競馬のテレビ番組のゲストで呼ばれていて、競馬場で観戦していた。レースではどんなことをしても自分が最初にゴールするんだ、という気持ちが全身から気迫あふれるパフォーマンスだった。騎手にとっては本当に大事なこと。レースが終わった後、「その気持ちを忘れるなよ」と彼に伝えた記憶がある。

このGⅠ勝利からトップジョッキーとしての階段を順調に上っていったが、やはり四位洋文の代名詞はダービー連覇だろう。2007年のウオッカは本当にミスなく乗っていた。私と一緒で、彼もよく「ダービーを勝てたら騎手を辞めてもいい」なんて言っていたが、翌08年のディープスカイで武豊以来となる史上2人目の日本ダービー連覇という偉業をあっさりと達成してしまったのには驚いた。この2頭は一般的にはウオッカのほうが世間の認知度が高いかもしれないが、彼の心情を察するに、1番人気の支持を集めたディープスカイのほうがプレッシャーはあったと思う。その重圧を乗り越えて結果を出したのは見事だったし、私も自分のことのように誇らしかった。しばらく時間が経ってから、「ダービー2勝、並びました」と嬉しそうに言ってきた表情は忘れられない。

調教師最後の頃に、ディサイファと。
調教師最後の重賞はこの馬がもたらしてくれた　写真：東京スポーツ新聞社

私が厩舎を開業してからは信頼して騎乗依頼をする存在となった。小島太厩舎に多くの白星（34勝）をもたらしてくれたが、忘れられないのはディサイファという馬だ。５００万（現１勝クラス）、１０００万（現２勝クラス）を連勝した時から主戦として手綱を託し、２０１４年のエプソムＣ（ＧⅢ）で重賞タイトルを取ってくれた。その後も翌15年に中日新聞杯を勝ってくれたが、一番印象に残っているのは同じ15年の札幌記念だ。私は普段は騎手に細かく指示を出すことはしないが、この時は「積極的に乗ってくれ」と注文した。スタートを決めて２番手で運ぶと、少し行きたがるところもあったが、上手くなだめてくれて、ラスト200メートルを切って先頭に立ってからは必死に追って、3着までタイム差なしという大接戦を見事に制してくれた。私の調教師としての引退が近かったこともあるし、私の地元でもある北海道で行われた重賞で、しかも私が現役の騎手時代に勝ったことがなかったレースでもあったから、本当に嬉しかった。この時の勝利は今でも感謝しかない。

彼とは競馬以外の思い出も多い。私の母親にも「かあさん、かあさん」と親切にしてくれて、私が京都競馬場に母親を連れて行った時には、京都のすごく立派な料亭の夕食を用意してくれただけではなく、食事代も全部払ってくれた。彼自身は翌日にレースを控えていて調整ルームに入っており一緒に食事をすることはできなかったが、そういう気遣いができる男だった。

私が調教師時代、夏場に北海道の牧場を巡る時は彼の車をよく借りていた。「親父が乗ってくれると、ガソリンが満タンで車もきれいになって帰ってくるから」と、笑いながら快く提供してくれたのもいい思い出だ。

私にとっては親しい、かわいい後輩だったが、彼にとってはいつまでたっても頭が上がらない先輩だったようだ。私の管理馬に乗って勝てなかったりした時は、厩舎の従業員に「先生、怒ってるかな？」なんて様子をうかがっていたことがあったらしい（笑）。私が調教師を引退した後、彼も調教師に転身したが、たまに競馬場で調教助手をしている私の息子と会った際、電話でもしてあげたら？と伝えると、「俺から親父に電話したら、怒られるかもしれないから」なんて言っていたらしい。そこまで怖がられるようなことをした記憶はないのだが、とにかく四位洋文とは昔も今も変わらない最高の師弟関係だ。

ここまで特に親しかったジョッキーの話を少し長めに書いたが、素晴らしいジョッキーは本当に書き切れないくらいたくさんいる。加賀武見（1937年生まれ、免許1960年）さんの前に行って持たせる技術は迫力があったし、増沢末夫（1937年生まれ、免許1957年）さんも大きくは追わないが、やっぱり上手だった。あと森安弘昭（1932年生まれ、免許1951年）さんは、ここ一番で勝てるジョッキーだったし、森安さんの弟、重勝（1937年生まれ、免許1956年）さんはスター性が豊かな人だった。古山良司（1929年生まれ、免許1950年）さんとか、吉永正人（1941年生まれ、免許1961年）さんも郷原洋行（1944年生まれ、免許1962年）さんなんかも。

私の1つ下の世代は「花の15期生」として有名だが、私自身が本当に不器用だったから岡部（幸雄）君の騎乗ぶりには本当によだれが出そうだった。「あんな騎手になりたいなあ」なんて後輩でも憧れた。岡部と同期の柴田政人君もそうだし、その後輩では的場均。彼も達者だった。

関西の後輩で素直に上手いなあと思ったのは河内洋だ。彼がデビューして2年目くらいで関東に来た際、「お前、トップジョッキーになれるから」と声をかけた。騎乗フォームからレースの運び、道中の押し方とか、とにかく上手かった。もともと武邦彦さんの弟子で、のちに河内の弟子になる武豊が出なかったら、ずっと関西のスーパースターだったと思う。田原成貴もすごかった。彼はやっぱり天才だった。勝負勘に、馬を出す技術も素晴らしかったし、いろいろなことをよく研究していた。

自分がジョッキーになって、彼らのようなすごい人たちを肌で感じ、一緒にレースができたのは本当に幸せだった。ここで名前を挙げられなかった人もいるが、とにかく一流の技術とオーラを持つトップクラスと一緒に乗れて自分は本当に幸せだった。ただ、その中で一人、別格の存在がいる。私など足元にも及ばない技術、勝負強さで今なお偉大な記録を更新し続け、誰一人として肩を並べることすらできないスター性も併せ持つジョッキー。私が本当の兄のように慕った武邦彦さんの息子、武豊だ。

特別対談
武豊騎手×小島太

聞き手 福原直英アナウンサー

昭和のスター騎手だった小島太さんと、
今だ現役で前人未踏の記録を更新し続けている武豊騎手。
あまり知られていなかった二人の意外な関係性から、
あの名馬の秘話に、ジョッキー論まで盛りだくさん。
新旧レジェンドが、夢の対談で本音を語り尽くした。

ライバル心を超える2人の〝縁〟

福原直英アナウンサー（以下、福原）　お二人とも、よろしくお願いします。いろいろとお話を伺っていきますが、まず豊さん。太さんと初めて会った時のことって覚えていますか？

武豊さん（以下、武）　まだすごく小さい頃で。当時は親父（武邦彦さん）の知り合いが自宅にたくさん来ていて、その中の一人が太さんでした。

小島太さん（以下、太）　関東から武家の自宅に行っていた騎手は俺くらいだったんじゃないか？

武　当時は関東から馬が遠征して来る時って騎手も長く滞在していましたよね。あの当時は栗東に新しい家が建った頃で、確か幸四郎が生まれた頃ですよ。

福原　10歳違いだから、豊さんが小学生ぐらいってことですか。元々は武邦彦先生とのつながりなんですね？

太　邦ちゃんと俺は、年齢は離れていた（9歳差）けど、相当な仲良しだった。彼が最初に関東に長期滞在した時から、食事も遊びもすべてコンビを組んでたよ。

福原　波長が合ったんですね。

太　もともと知っていたんですよ。邦ちゃんのお父さん（武豊騎手の祖父）が道営競馬の偉い人だった。俺は小学生の時から夏休みとかに道営競馬に行っていたんだけど、5年生の時だったかな。競馬場の関係者じゃないので本来は調教に関わったりできなかったんだけど、午前2時から4時の間は（部外者でも）乗っていいよってルールに変えてくれたのは、武豊のおじいちゃん。それが俺と武一族の始まりなんですよ。

福原　邦彦さんとは当然、レースでも一緒に

乗っていますよね？

太　初めて桜花賞に乗った時、ショックを受けたのを覚えてるよ。俺は、絶対勝たなくちゃいけないような馬（サクライワイ）に乗っていたんだけど、2着に負けた。俺を負かしたのはパパよ。後ろの位置にスッとつけられて、直線でスッと抜かれた。レースが終わって、「甘いよ、太」って一言。もう、悔しくて悔しくてさ。

福原　そういう関係性なら当然、豊さんが競馬学校に入学して、無事に卒業した時も注目していたわけですよね？

太　注目というより「まさか」という感じだったな。上背があるし、減量などが大変になるのではと心配のほうが大きかった。

武　僕の親父は僕がデビューした時にはもう（騎手を）引退していたんですよ。48歳です。だから一緒には乗ってないんですけど、太さんはまだ現役でした。

福原　豊さんから見た小島太騎手はどんな印象でしたか。ファンからは華のあるジョッキーと言われていましたが。

武　美浦、栗東の人でもなく、太さんだけが東京の人って感じでした。すごく華やかさを感じましたね。関西で言うと田原成貴さん。僕がデビューした当初、この二人はスターという感じがしました。

福原　豊さんが（1987年に）デビューして、1年目からものすごい勢いで勝ち星を量産した時、小島太騎手の心境ってどうだったんですか？

太　自分の息子と同じ歳だし、自分の子どもという感覚があったからね。そりゃあ嬉しかったよ。

福原　へえ、嬉しかったんですね。
太　だけど一緒にレースに乗ったらもちろん、嬉しいなんて感情は吹き飛んだけどね。普段は「いや、もうすごいぞ。別次元だ。次元が違うんだ」って周囲に言ってまわっていたよ。俺もその時はこの世界に長くいたけど、あんな騎手は今までに見たことがなかった。
福原　それは、豊さんのどこを？
太　雰囲気だよ。競馬だけじゃないんだ。この子は他の世界、例えば野球選手や芸能人、歌手なんかにも絶対に負けないよと。豊がスーパースターになる前から、誰よりも早く言っていたんだ。
福原　実際に一緒にレースに乗って、お二人それぞれの印象はどうだったんでしょう。
太　まずスタートが上手い。その後のポジションの取り方も上手い。最初の頃から理想の位置にポンと無理せずにつけていた。あれは天性のもの。
福原　実際にこんな感じで太さんから褒められたことってありましたか？
武　僕がすごく覚えているのは、まだ2年目ぐらいだったかな。関東に乗りに行った時に、ちょっと話す機会があったんですけど、その時に「お前、日本だけ考えてたらあかんぞ」みたいなこと言われて。
福原　おぉ、「もう世界を見ろ」と？
武　「ヨーロッパに行って乗ってこい」って言われて「えぇ！」ってなりました。今の時代なら分かるんだけど、まだ誰も海外のことなんて考えていない1980年代後半ですからね。
福原　小島太ジョッキーで印象的なレースってありますか。

武　それはいっぱいありますよ。でも、やっぱりサクラの勝負服を着てるイメージがすごく強いですね。あのサテン（光沢があってなめらかな肌触りの生地）の、ちょっと光ったサクラの勝負服。自分でもちょっと絞ったやつを持ってましたね。かっこよかったです。

太　絶対に負けちゃいけないレースがあって。サクラバクシンオーで連覇した1994年の

武豊（たけ・ゆたか）
1969年京都府出身。JRA騎手。1987年デビュー。2007年7月にJRA歴代最多2944勝を挙げ、2024年5月に史上初の4500勝を達成。デビュー以来、史上初・史上最年少・史上最速の名がつく数々の記録を打ち立て自らの記録も塗り替え続けている。

スプリンターズS。すごいプレッシャーだったけど、やっぱり強い馬だった。それで、勝ったあと、同じレースに乗っていた豊に言った。「今度、お前がこれに乗れ！」って。

武　「乗れ」って言うんですよ。向こう正面で馬を止めて言ったんです。「これはヨーロッパに行く馬なんだ。お前が乗る馬なんだ」って。

太　バクシンオーはあのレースでの引退が決まっていたんだけど、あの瞬間、心の底からヨーロッパでも勝てると思った。引退を撤回してでも海外で走ってほしいと、本当に思ったんだ。

武　それを「俺」じゃなくて「お前」が乗れっていうのがすごいじゃないですか。

太　他の騎手になんか言ったことないもん。しかも自分のベストの馬で。

武　ゴールした直後にそういう感覚になれる人って珍しいですよ。普通ならGⅠを勝って、「俺、すごいだろ！」となるところを、いや、俺じゃないって。お前が乗る馬だと。

福原　そうですね。それはなかなかというか、ちょっと言えないセリフですね。

馬の進化と騎手の進化

福原　小島太騎手のダービー初勝利のサクラショウリの時はまだ子どもでしたよね？　2勝目のサクラチヨノオーの時は？

武　実は僕のダービー初騎乗だったんです。

福原　そっかそっか、そうなるんですね。

武　16着ぐらいだったけど、その時に勝ったのがサクラチヨノオーの太さん。まだデビュー2年目だったから、どういう馬がダービーを勝つのか想像もできない頃でした。レース後に岡部（幸雄）さんと2人で抱き合ってたんですよ。それを後ろから見ていて、「いいな、かっこいいな」と思ったのを覚えています。

太　だけどね、みんな1、2万回は乗るじゃない？。俺なんか8000回しか乗れないで終わった騎手だから。[※1]

武　えっ？　8000ですか。

太　9000も乗ってない。

武　そう考えると、ダービーの2勝も含めて重賞勝利レースの数（84勝）は、すごく多いですね。

福原　ちなみに、太さんはJRA通算1024勝。豊さんは1月19日の時点でJRAで4559勝しているんですけど、太さんも今の時代だったらっていう思いはあるんですか。

太　いや、ない。今後、豊の記録を抜く騎手は絶対に出ないから。野球界でいう、大谷（翔平）が抜かれる可能性より低いから、この世界では。

福原　太さんから見て、豊さんがこれだけ結果を出せている理由、要因のようなものはありますか？

太　印象に残っているレースのひとつは、2013年にダービーを勝ったキズナ。それまで彼が勝ったダービーの中で一番上手く乗ってるわけよ。ただ勝ったんじゃなくて、「これは恐ろしい」って思わされるほどすごい騎乗だった。それから10年後（実際は9年後）だよ。2022年にドウデュースでダー

※1　武豊騎手は2025年3月10日現在で24979回。小島太元騎手はJRA通算8476回。

ビーを勝った時、キズナの時より上手くなってんの。要するに武豊っていうジョッキーは毎年毎年進化してるわけよ。あの年齢になって進化なんかするわけないと思ってるのか、みんな気が付いてないのかもしれないけど、俺だけは分かっている。そういうとこだね。

福原　こう言われていますが、いかがですか？

武　進化していかないとやっていけない、長く騎手はできないですよ。今は若い子が上手いから、自分が止まっていたら全然かなわなくなっちゃう。自分も上手くなっていかないとな、とは常に思っています。

太　だから絶対に抜かれないわけ。この人が「俺は大将だ。俺が一番だ」という風に思った時、スッと抜かれるわけよ。

福原　そのあたりは何となくでも気を付けてるところはあるんですか。

武　もちろん。何て言うんですかね。表現は難しいですけど「もうこれでいいな」って思うことはないですかね。

福原　それはそういう馬がいるから進化するのか、それとも自分の進化なんですか？

武　もう競馬界全体ですよね。

福原　90年代、種牡馬にサンデーサイレンスが出てきて、やっぱりあの時期もグッと変わってきたタイミングなんでしょうか。

武　大きかったでしょうね。レースのタイムも速くなったし、今までなら使えないような脚を使える馬が出てきたり、これまでならバテるペースでもバテなかったりとか。（サンデーサイレンスの直子がいなくなった）今でもそうなっているから、常に考えていかないと。

太　スピード、スタミナ。強いサラブレッドに必要なすべてを持ち合わせていたのがサンデーサイレンス。あの体の形からにして、ヨーロッパに行ったらもっと強かったと思うよ。

武　いやぁ、ほんと、そうですね。

太　アメリカでしか走ってないけど、ダートだけの馬じゃなかったはずだよ。

福原直英（ふくはら・なおひで）
1967年東京都出身。早稲田大学政治経済学部卒業後、1992年フジテレビ入社。『スーパー競馬』など同局の競馬番組を長く担当。2022年退社以降はフリーとしてCSフジテレビONE『武豊TV！Ⅱ』グリーンチャンネル『競馬ブロス』などで活躍中。

3本指で「抜いたで!」

福原 少し話題を変えまして、太さんが調教師になってからの話も伺わせてください。1997年に開業。その年って、豊さんが乗ったのはありますか？

太 サクラローレルのフォア賞には乗ってもらったよな？

武 開業した年に乗せてもらったんですね。

太 開業して「俺は凱旋門に行くんだ」って心に誓っていた。挑戦する馬はサクラローレルだったんだけど、天皇賞・春で2着に負けてしまって。その後、いろいろあったんだけど、凱旋門賞に挑戦すると決まった時に、「(騎手は)豊でいきますか」ってオーナーに声をかけたわけ。

福原 そのオファーをもらった時、どんな気持ちでしたか？

武 もちろん。嬉しかったですよ。当時はまだ僕も経験が浅かったですけど、それでも「この馬で凱旋門に行ったら勝つんじゃないかな」と思ったのは覚えてますね。

福原 太さんも豊さんも、それぞれに凱旋門賞の夢というのがあったんですね。

太 サクラローレルは血統だけじゃなくて、走り方もヨーロッパの走り方だった。ただ、前哨戦のフォア賞を走って故障。本番の凱旋門賞で、あの馬の能力を披露することはできなかった。

武 やっぱりそこは競馬の難しいところですよね。本当に(凱旋門賞に)行きたかったですね。

福原 開業2年目の1998年は、豊さんがスペシャルウィークで初めてダービーを勝った年ですね。

太　ダービーを勝ってくれて本当に安心したよ。あれだけＧⅠを勝っていた騎手でも、ダービーを勝てる保証なんてないんだから。野平祐二さんでさえ勝てなかった。そういうレースだから。

福原　じゃあ、なかなか勝たないなって思っていたんですね。

太　早く勝ってほしいなと思っていて、実現した時は嬉しかった。だけど、実はこの方ね、あれ、ダービー3勝目はどの馬でしたっけ？

武　3勝目はタニノギムレットですね。

太　あなた、俺になんて言ったか覚えてる？　検量室に戻ってきた時、俺に（3本指を立てて）「抜いたで！」って。俺がダービー2勝っていうのを覚えていたみたいで。

福原　それを言ってもらいたくて迎えに出たんじゃないですか（笑）。

太　違うよ。いやぁ、豊3勝目かと。1勝目の時はものすごい意識してたの。それで、もう勝ったんだからと安心して、2勝目（1999年アドマイヤベガ）は特に何も感じなかったんだけど、あっという間に3勝目で3本指の仕草だから。ダービーが終わった直後で興奮してる時にだよ。

武　当時は2勝が騎手の最高記録でしたから。3勝は誰もいなかったんです。

福原　やっぱり、2勝の人に何かアピールしておきたかったと（笑）。

太　小島厩舎から出走したタイガーカフェは10着だった。でもすごく嬉しかったな。

勝負になる馬しか頼まない

福原　太調教師が豊さんに依頼する時ってどういう馬を頼むんですか？　なんでもかんでもというわけではないんですよね？

太　勝負にならない馬は絶対に頼まない。結果はどうであれ、「ひょっとしたら、何かやってくれるんじゃないかな」とか、「誰も引き出せなかったことをやってくれるんじゃないかな」っていう時は頼んでいたね。

福原　豊さんは小島厩舎の馬に乗る時は、やっぱりそういう気持ちを汲(く)んでいたんですか？

武　本当に勝たなきゃいけない時の感じと、成績はちょっと悪い馬でも、「この馬には何かあると思うんだよな」っていう感じで頼まれる時と、本当にこの2パターンあったよう

な気がします。

太　そうだね。誰も引き出せないまま諦めちゃうのも嫌だから、豊なら、と。武豊ジョッキーばっかりじゃダメなのも分かってるんだけど、まだ諦めたくないなって馬もいるわけよ。他の調教師なんて、「豊を乗せておけば」なんて安易に考えてる奴もいたよ。そういうのもいっぱい目にしたから。

福原　自分はそういう依頼の仕方じゃなかったぞと。

太　うん。俺は全然違った。アプリコットフィズでクイーンSを勝った時なんかなあ。

武　その頃は怪我をしていて、まだ（自分の状態が）万全ではなかった。でも、それでもいいって言ってくれて。

太　他の奴じゃダメだけど、武豊騎手なら絶対にこの馬を上手く操ってもらえると思ったんだ。結果は理想以上だった。本当に直線はあとで喉がかすれるくらい、声を張り上げたよ。

武　その日の夜はジンギスカン食べに行きましたよね。覚えていますよ。

福原　やっぱり太さんは豊さんが乗って勝つと、ことのほか嬉しいんですね。

太　もちろん、勝ったらどれも嬉しいよ。でも、豊は別だわ。蛯名だって勝春だって、ジョッキーになってから知り合ったけど、この人は赤ちゃんの時から知ってるし、パパから、もっと言えば爺様からすごく可愛がられてたのも知ってるから。幸四郎だって同じ。レースで怪我した時なんかは、本当に不安でドッキンドッキンしていた。

「神騎乗」の共通点

福原　2024年の秋に豊さんはドウデュースで、天皇賞・秋とジャパンCを連勝されました。どちらも目の覚めるような末脚でしたが、太さんがサクラチトセオーで勝った時もすごい追い込みでした。勝ち方が似ている新旧の天皇賞・秋を比べていただきたいのですが。

太　サクラチトセオーは、道中で急がせたら持ち味を発揮できない馬だった。距離損をしないように、ロスなく運ぶことだけを考えて、直線で一気に爆発させたレースだった。

武　当時、人気馬があういうレース（後方からの大外一気）でGⅠを勝つことはなかったですからね。あんな発想はまだ調教師にもなかったし、騎手もほとんどやったことがありませんでした。僕も同じ時代に乗っていたから、すごく印象に残ったというか。ちょうどこの頃にサンデーサイレンスの子が出てきたこともあって、「あぁ、ああいうレースをやってもいいんじゃないかな」と。型にはめない乗り方を引き出しとして持っておくということですね。

福原　ドウデュースもずっとコンビを組んでいる中で、馬のポテンシャルを信じ切ったということでしょうか。

武　それはありましたね。2024年の上半期は、ドバイターフ（5着）、宝塚記念（6着）も、そこまでできなかったというか、「ちょっと中途半端にやっちゃったな」という思いがあって。要するに弓を引ききれなかったんですよ。うん、それで「秋のGⅠでは思い切ってやってやろう」と。それができたから結果につながったんだと思います。

福原　太さんはドウデュースの天皇賞・秋、ジャパンCをどのようにみていますか。

太　簡単に言っているけど、ああいう乗り方で腹をくくるというのは容易なことじゃない。本当に度胸がないとできないことで、豊ジョッキーだからこその乗り方だった。もし俺が乗っていても、同じ選択を、迷いながらも選ぶだろうけど、それはみんなが思うほど簡単じゃない。騎手の心理状況として、負けた時の批判を少なくするために心持ち少しだけ前につけたりとか、逆に後方のままで何もできずに終わってしまうことだってある。その場面になった時、その雰囲気になった時に、本当にあの乗り方ができるかっていったら、簡単にはやれないものだよ。

福原　経験もそうだし、あとはメンタルもジョッキーはすごく必要なんですね。

武　それは全員にあてはまると思いますよ。

太　最後のところはメンタルだね。

「誰と」勝ちたいか

福原　豊さんは1年目から新人最多勝記録を更新して、自分で考えた通りに乗っていいという境地に早くに達していたということもあるのでしょうか。

武　そうかもしれないですね。あと、周りに恵まれたところもあったと思います。親父も何にも言わないし、師匠の武田（作十郎）先生も「好きに乗れ」って言ってくれる人でした。負けても馬主さんに「いやいや、もうあれでいいんですよ」と言ってくれる人で、「うちのが下手に乗って」とかいう人じゃなかったんです。

太　普通なら10年かかって経験することを、彼の場合は1年や1年半で経験できたわけよ。

武　本当に恵まれていましたね。なんとなく、「ああ、武豊が乗ってダメなら仕方がない」って空気ができたのは大きかったですね。

福原　人とのつながりや縁というのがすごく大事だということですね。

武　あぁ、そういえば！　すごく若い時のことでもはっきりと覚えていることがあるんですよ。太さんから、「馬主さんの奥方とかにモテなきゃダメだぞ」って言われたことがあるんです。もちろん、変な意味じゃなくてね。最初に言われた時、「どういう意味なのかな？」と分からなかったのですが、だんだんと理解できるようになってきて。どんな大社長の馬主さんとかでも、やっぱりみんな奥さんには弱いわけです（笑）。

太　出世してるやつほどなんだよ。笑。

武　だから奥さんが一言、「あのジョッキーに乗ってもらいたいな」って言ったら、それで決まったりすることもあって。

太　絶対にあるんだよ、それ。

武　最初は分からなかったけど、ふと、気付いた時があったんです。「太さん、こういうことを言ってたんだ」って。例えば女性は、普段の身だしなみだったり、出で立ちがきれい、かっこいいっていう、男性とは少し違う視点があって。

太　そりゃそうだよ。

武　話し方も同様です。パドックなどで会った時でもそうですし、競馬場以外でパーティーでお会いしたり、食事に誘ってもらった時、スマートな立ち振る舞いをしなきゃい

けないなと思うようになりました。

福原　なるほど、なるほど。それは素晴らしいアドバイスですね。

武　そんなこと言う人、いなかったですから。しかも、それを言われたのは僕がまだほんとに若い時でした。

福原　でも、言われてみると納得ですね。

武　競馬ってどのレースも1頭の馬、1人のジョッキーが勝つけど、太さんは「誰と勝ちたいか」って思わせなきゃダメだと。馬主さんやその奥さんが「あの人が乗って勝って、一緒に口撮り写真[※2]を撮りたい」と思ってくれること、それが大事なんだって言ってくれていました。

※2　レース勝利時に関係者で行う記念写真。

太　自分の馬が勝った時の写真は、その家の宝物になっていくんだよ。10年前のレースのことでも、写真を見ながら家族でワイワイと語り合ったり、永遠に残るものなんだ。

武　「あぁ、本当にそうだな」と思いましたね。若い時にそんなこと言ってくれる人っていなかった。今振り返っても、ちょっと視点が違う人でした。

唯一無二の存在

福原　豊さんはこの先もまだまだジョッキーを続けると思うんですけど、太さんから見てダービーの勝利数も増やせると思いますか。

太　ダービーに限らず増やしてほしいけど、やっぱりダービーを大事にしてくれてる人だからね。

武　たとえば、過去の競馬を振り返った時、やっぱりダービーが基本にある。そんなレースですから。

太　アメリカだってケンタッキーダービーは別物。日本人はよく知らないから、海外の競馬だとすぐに凱旋門賞とか言うけど、実は違うんだよ。

福原　一方で、まだ凱旋門賞制覇も期待され続けているんですが。

太　やっぱり日本でしっかり結果を残した馬で遠征して、日本のジョッキーで勝ってほしいし、凱旋門賞も豊が勝たないと。

福原　勝ったら大変な騒ぎになるでしょうね、太さんが。もう狂喜乱舞で。

武　今度、凱旋門賞に乗る時は見に来てくださいよ。

福原　改めて、豊さんにとって小島太という人はどんな人ですか。

武　現役の時は華のあるスタージョッキーでしたし、唯一無二ですよ。本当にこういう人はいないなと思うし。人として興味が湧くというか。うん、面白い人ですね。昔から会っている時間も楽しいし、独特の人かなと。

福原　独特の人。

武　そう。一般的に言われないようなことを言ってくれたりするから、すごく心に残ったりしますしね。あと、人とあんまり会いたくない時期とかあるじゃないですか。でも、太さんは別にいつでも大丈夫って感じなんですよね。

太　おお、それは嬉しいですね。

武　ご機嫌取りで、いつでも褒める人でもないですし。普通に厳しいことも言ってくれたりもするし。

福原　そういうこともありますか。

武　あるある。人が普通は思ってても言わなかったりすることを言ってくれたりするから。そう、すごく不思議な感覚なんですよ。まあ、子どもの時から知られているからなのかもしれませんね。

太　そこが他の騎手とは違うんだよな。武兄弟以外、子どもの時から知ってる人はいないもん、よく考えてみると。

武　だから変な話、お互いが東西のトップジョッキー同士だった時も、不思議と張り合う感覚がなかった。今、思うとそうでしたね。

みんなが腰を抜かすレースを

福原　豊さん、今のところは調教師の準備はしてないみたいですが。

武　してないですね。とか言って、今年（調教師試験を）受けたりして（笑）。いや、僕はまだまだ乗りますね。本当は乗りたいけど辞めていく人もいっぱいいるわけじゃないですか。そういう人たちを見てきたし、「じゃあ僕は、もう乗れるだけ乗りたいな」って。

福原　太さんもできるだけ長く乗ってほしいと願っているのですね。

太　本当に長くね。これからも、みんなが腰を抜かすようなレースをいっぱい見せてくれるよ。

去年知ってる？　あの北海道の小さな競馬場でいくつ勝ったと思う？　北海道リーディングって笑えるぜって話。年齢とか含めて考えたらありえない。ああいうことができるってことは、やはり気持ちが全然違うんだよ。

福原　太さんはこれからも競馬を見続けないといけませんよ。

太　豊ジョッキーが乗っていれば嬉しいし、幸四郎調教師の馬が出れば応援するし。調教師を辞めてもう7年、自分でもあきれてるんだけど、今だに全レース見ちゃうから。

福原　太さんのためにも豊さんはジョッキーを長く続けると。

武　フランスにも応援に来てもらって。

太　死んだら終わりだし、好きなことをやるのが一番幸せなんだって、ほんとに。

騎手は「かっこよさ」も
大切だと初めて教えて
いただきました――武豊
これからもみんなが
腰を抜かすような
レースを見せてほしいね
――小島太

武邦彦

対談企画が実現して、久しぶりにゆっくり話ができた。本当に嬉しかったし、本当に楽しい時間だった。多忙な中、時間を作ってくれた武豊騎手、福原アナウンサーには、この場を借りてお礼を申し上げたい。

対談では語りきれなかった豊騎手の父・武邦彦と、弟・武幸四郎との思い出も多いので、ここで触れておきたい。

武邦彦というジョッキーは、はっきり言って世間の評価より何倍も上手い騎手だった。

前の項でも書いたが、海外の技術を積極的に取り入れた野平祐二さんは、馬に負担をかけないでフワッと乗れていたが、その後にそういう騎乗ができたのが邦彦さんだった。持って生まれた体（騎手としては長身）を最大限に生かして、馬のエネルギーをロスさせないで乗れる騎手だった。

私がデビューした頃は、まだ一般的には有名ではなかったが、ロングエース（1972年のダービー馬）、キタノカチドキ（1974年の皐月賞、菊花賞の2冠馬）で全国区の仲間入りを果たした。

頭が良かったし、ハートの強さ、冷静さもあるからチャンスのある馬に巡り会った時に、しっかりチャンスをものにできた。正直な話、才能が花開いてピークと思える時期の騎乗ぶりは、せがれ（豊）より全然上だった。背は高かったけど、減量には全然苦労していなかったし、飲んでも崩れないクールな人だった。

邦ちゃんとは本当に仲が良かった。関東に遠征に来て何ヵ月と出張していた時は、ほとんど一緒に過ごした。彼のダービーを観戦するために兄弟、親族が東京に来た時は私の自宅に招待して食事をご馳走したし、夏の北海道開催の時期は、私の姉が旭川にいて、邦ちゃんは妹が札幌にいて、それぞれの家に遊びにいったりもしていた。

本当に家族ぐるみの付き合いだったから、関西で行われた邦彦さんの葬式には、私の家族全員が参列した。

はっきりとした時期は覚えていないが、豊に誘われて邦彦さんが通っていた店に連れて行ってもらったことがあった。亡くなった数年後だったと思う。二人とも酔っ払ってベロベロになったが、「どうしても先生と一緒にひと回りしたかったんです」という豊の言葉は、不思議と鮮明に覚えている。

武幸四郎

幸四郎が生まれた当初、邦ちゃんは私に報告してこなかった。しばらくして武家の親戚から子どもが誕生したことを聞いて、ビックリして彼に連絡してみたら、女の子が欲しいような話を私にしていたのに、また男の子が生まれたから（兄弟は全員男）、何となく恥ずかしくて言えなかったらしい。

幸四郎はそれこそ赤ちゃんの頃から見てきた。私にとっては息子のような存在だったから、まさかあの子まで騎手になるとは想像していなかった。なんせ豊よりさらに身長が高かった（公称177センチ）し、体重管理がかなり大変だろうと心配していた。

ただ、実習生だった幸四郎を見た豊が、「スタートが上手い。センスがありますよ」と報告してきてくれたことがあって、安心したのを覚えている。

無事に競馬学校を卒業してからのど派手なデビューは、皆さんもご存じの通りだと思う。私の記憶ではまだＪＲＡの史上最短記録は破られていないと思うが、1997年3月2日、わずかデビュー2日目での重賞初勝利には本当に驚かされた。マイラーズCでのオースミタイクーン騎乗だった。その後も順調に勝ち星を積み重ねて、最多新人騎手にも輝いたし、1年目の比較で言えば豊より上だったような気がする。

騎乗スタイルの特徴は、とにかくセンスがよくて度胸があった。

幸四郎が勝ったレースはすべて嬉しかったが、2013年にメイショウマンボでオークスを勝った時はよく覚えている。私自身がお世話になっていたメイショウさんの勝負服でもあったし、しばらく重賞を勝てない時期があって心配していたから、本人もこの時のＧⅠ勝利は格別な喜びがあったはずだ。

その後、幸四郎が調教師試験に合格した時も、騎手を引退して開業した時も本当に嬉しかった。豊が調教師にならないであろうことは本人に聞かなくても何となく察しがついていたし、やはり心情としては、邦彦さんに続いて調教師として名前を残して欲しいという気持ちがあったからだ。

幸四郎は騎手時代から抜けて頭が良かった。性格的には頑固なところもあるが、それが良いほうに向かうのではないかと思っている。経験を積みながら、もっともっと調教師として伸びると思う。

彼なら邦彦さんを越えるようなトップクラスの男になれると、私は信じている。

第4章 名馬と追憶

サクライワイとサクラバクシンオー

私は騎手時代、スプリンターズSを5回も勝つことができた。この数字はいまだにこのレースの歴代最多勝だ。その記録を樹立することができたのは、もちろんコンビを組んだ馬のおかげだ。競馬ファンがすぐに思い浮かぶのはサクラバクシンオーかもしれないが、まずは昭和の最強スプリンターについて語ろうと思う。

その馬とはサクライワイ。1973年の8月にデビューしてダートの1000メートルを快勝。その後、函館3歳S（現在の函館2歳S）に出走したのだが、この年は走っている最中に芝生が動いてしまうほどのグチャグチャの不良馬場だった。芝の1200メートル戦で1分21秒以上（2024年9月現在の2歳レコードは1分7秒2）かかるようなひどい馬場だったが、しっかり勝ちきって初めて重賞タイ

サクライワイ。1974年スプリンターズS　写真：産経新聞社

トルを手にした。この時から先々まで期待できる馬だと確信したが、一方で距離を延ばしていくことには限界があるとも感じていた。そんなタイプの馬だっただけに、翌74年の桜花賞で2着と好走したのは正直、驚いた。そのGIの前に走った阪神4歳牝馬特別で2着と好走はしていたが、このレースは1400メートル戦だった。この距離でも長いと感じていただけに、さらに距離が延びる1600メートルのGIで2着という成績を残せたのは、今でも不思議でしょうがない。

続くオークス（距離2400メートル）はさすがに距離が長すぎて16着と惨敗。この敗戦を機に、本格的に短距離路線を歩んでいくことになる。5月のオークス挑戦から約3ヵ月後の8月に新潟の1200メートル戦を走ってレコード勝ち（1分9秒9）。やはり短いところでは強いと再確認して挑んだのが1974年の第8回スプリンターズSだった。

レースは抜群のスタートを切ると、トップスピードを最後まで持続させて楽々と逃げ切った。走破時計の1分8秒4は当時の新記録だったように記憶しているが、「あぁ、これが本当のスプリンターなんだな」と感じたものだ。翌75年もスプリンターズSに出走して見事2連覇を達成するのだが、この年はスタートのタイミングが合わず出遅れてしまった。この馬の本来の戦法ではなかったが、それでも直線で一気に差し切ってくれた。

今はサラブレッドが全体的に進化しているので、当時の短距離馬と比較するのは難しい。仮にサクライワイが今、走っていれば当時ほど圧倒的ではなかったかもしれないが、少なくともあの時代ではスピードが抜けていた。とにかく脚の回転が速くて他の馬とは初速から違うわけだが、ワーッと引っかかって進んでいくわけではなく、こちらの合図通りにきっちり1200メートル分だけ脚を使う馬だった。マイルや中距離を走るような走法ではなかっただけに、桜花賞の2着や75年の安田記念を勝ったのも私の中ではいまだに謎の激走だ。

サクライワイが本物の生粋のスプリンターだったのに対して、1993、1994年のスプリンターズSを連覇したサクラバクシンオーは、ちょっとタイプが違った。

「スピード」という持って生まれた速さという点では一緒だが、カチッとした筋肉質な馬体のイワイに対して、バクシンオーは柔らかみのある馬で短距離馬の体型ではなかった。乗ってみると中距離でも走れそうな感触なのだが、いざレースを走ると、シュンと使ったらパッとなくなっちゃう。感覚的にはこんな感じで、あえて分かりやすく言語化するならば、肉体面ではなく気管系の限界で急にガス欠になるような感じだった。

それでも強い馬であったことは間違いない。この馬のGⅠ初制覇となった1993年のスプリンターズSはいまだに忘れられないレースのひとつだ。レースの8日前、おやじ（全演植(ジョンヨンシュク)オーナー）が天国に旅立った。「絶対に勝たなければいけない——」。おやじが亡くなってから、その使命感だけで体を動かしていたと言っても言い過ぎではないほど気持ちが入っていた。

レースは好スタートを切って好位の3番手をガッチリとキープ。直線に入ると1番人気のヤマニンゼファーが後ろから迫ってきていたが、手綱から伝わってきた抜群の手応えに正直、交わされる感じはなかった。追い出すとこちらのイメージ通りしっかりと末脚を使って、最後の坂を上がってからは独走状態。難なく2馬身半の差をつけて快勝した。ゴール板を先頭で駆け抜けた直後、無意識に右手を天に向かって突き上げていたし、馬から降りる際には目から涙がこぼれ落ち

1993年、サクラバクシンオーと1度目のスプリンターズステークス制覇

た。この勝利は私自身、約5年ぶりのGI勝利だったが、そんなことは本当にどうでも良かった。とにかくおやじのために何が何でも勝ちたかった。それがこの年のスプリンターズSだ。

　翌94年はバクシンオーにとってのラストランになることが決まっていた。勝って花道を飾ってやりたいという気持ちでレースに臨んだが、この年からスプリンターズSは国際競走となり外国馬が3頭参戦していた。ライバルの日本馬の特徴はすべて頭の中に入っていたが、外国馬、特にアメリカのブリーダーズC・スプリントで2着の実績があるソビエトプロブレムの出方は読めず、不気味な存在だった。レースはいつも通り先行態勢に入り、私たちをマークする形でソビエトプロブレムが直後を追走してきたが、前半の600メートルが32秒4という驚異的なハイペースも影響したのだろう。相手が3コーナーで仕掛けてきたのに馬体を並べるところまで押し上げてこなかった時点で、もう負けることはないと確信した。直線はステッキを入れるまでもなく先頭に立つと、ラスト200メートルでムチを入れてからはあっという間に他馬を引き離して4馬身差で圧勝した。1分7秒1という驚異的な日本レコード（当時）を樹立して、最強スプリンターの称号のまま引退することができた。

種牡馬入りしてからのバクシンオーの活躍、と言ったら少し表現が違うかもしれないが、日本の血統の歴史に名を残す1頭となったことに驚きはなかった。この馬が競走馬として優秀だったのは血統が素晴らしかったというのも大きい。父のサクラユタカオーはどちらかというと大柄でおとなしい馬だったが、乗っていて速さを感じないのに速い馬だった。さらにその父、祖父にあたるテスコボーイは種牡馬として大成功した馬でこの産駒は総じてスタミナだけではなく、速さも

1994年、サクラバクシンオーと2度目のスプリンターズステークス制覇。
バクシンオーはこのGIを最後に引退した

兼ね備えていた。

母にあたるサクラハゴロモは天皇賞・春や有馬記念を勝ったアンバーシャダイの全妹（母親も父親も同じ妹）で、偉大な大種牡馬ノーザンテーストをいいとこどりしたような繁殖牝馬だった。バクシンオー自体は今でも距離が延びて良いとは思わないが、彼が父系、母系の素晴らしい血をつないで、短距離だけにとどまらず幅広く活躍する馬を世に出すことは容易に想像できた。キタサンブラック（母の父がサクラバクシンオー）のような長丁場で強い馬が登場したのも偶然ではなく、必然だった。

サクラユタカオー

サクラユタカオーもまた、私にとっては忘れられない1頭だ。デビュー前から体質が弱く筋肉隆々の馬でもなかったが、とにかく性格がものすごく素直だった。反抗したり、こちらの指示に従わずガツンと勝手に走り出したりすることがなかったので乗っていてすごく操りやすかったし、スピードと折り合いが重要な日本の近代競馬向きの馬だった。

デビュー戦は1984年の中山の芝1800メートル戦だったが、そこまで大きな期待をかけて臨んでいたわけではなかった。というのも、横から見たらすばらしい馬体をしているが、いざ乗ってみると弱々しさがあって、ちょっと接触したりするとふらっとしてバランスを崩してしまうようなところがあったからだ。ところがいざ本番を迎えると、心配は杞憂（きゆう）だった。他の馬とは明らかにスピードが違い、最初から最後までスーッと平均以上のスピードを持続させ、直線も軽く促しただけで後続を離した。1分50秒2という、当時の3歳（現2歳）レコードタイムであっさり初勝利を挙げた。

2戦目の400万特別（現1勝クラス）、3戦目の共同通信杯4歳Sも勝って無傷の3連勝を達成した。当然、牡馬クラシックの有力候補としてマスコミに取り上げられるようになったが、その後、骨折が判明。皐月賞、日本ダービーへの出走はかなわなかった。

約8ヵ月の休養を経て、1985年10月の京都新聞杯で復帰するも4着。続く菊花賞は私が騎乗することができなかったレースで4着という結果だった。もともと長距離のタイプではないと考えていたし、次は距離を詰めて1600メートルのダービー卿チャレンジトロフィーに出走、これは2着だった。3000メートルからの一気の距離短縮だったことを考えれば勝てなくても悲観することはなかったが、その後、再び故障して休養せざるを得なくなった。

復帰戦は1986年3月の大阪杯（GⅡ）。休んでいた期間は約3ヵ月とそこまで長くはなかったが、順調に調教が詰めていなかったこともあり、勝ち負けまでは厳しいと思っていた。ところが前年のダービー、菊花賞で2着だった1番人気のスダホークの追い上げを頭差しのいで勝利し、3着には7馬身以上の差をつけた。「やはり能力が高い」。私だけではなく、調教師、オーナーとも同じ感覚を共有できた。適性距離ではないことを覚悟したうえで、天皇賞・春へ向かったわけだが、やはり3200メートルは長く14着に終わったうえ、また脚部不安を発症して休養を余儀なくされてしまった。

ただ、この馬の末恐ろしいところは何度怪我をしても、天性のスピードが衰えることがなかったことだ。約5ヵ月ぶり、3度目の復帰戦となった毎日王冠で、ついに能力が開花する。このレースの1番人気はミホシンザン。前年1985年の2冠馬(皐月賞、菊花賞)で、有馬記念ではシンボリルドルフに続く2着という実績がある4歳馬だった。私はユタカオーとこのGI馬との一騎打ちになると考えていた。

いつも通りスタートを決めると、好位をリズムよく追走。直線での手応えも抜群で戦前の予想通り大外からライバルが迫ってきたが、軽く追い出しただけで楽々と突き放した。実際に乗っていて速いとは感じなかったのに、終わってみれば当時の日本レコードとなる1分46秒0を叩き出しての快勝だった。脚元が弱くてなかなか満足な状態で使うことができず、少しずつ力をつけていった馬が、「ついに本領を発揮し始めた」と感じたレースだった。

GⅠ制覇の最大のチャンスだと思って天皇賞・秋を心待ちにしたが、枠順が決まった瞬間、思わず舌打ちした。大外枠の8枠16番。最悪の枠だった。東京競馬場の芝2000メートルという条件は、スタートしてすぐコーナーを回るため圧倒的に外枠が不利なコース。前年の1985年には「皇帝」といわれたシンボリルドルフでさえ大外枠（8枠17番）で2着と取りこぼしていた。ファンも当然、そのことを知っていたから、毎日王冠の好パフォーマンスにも関わらず、2番人気で迎えることとなった。

正直、運がないと思ったが、私は本番までに開き直ることができていた。「この馬の強さを信じて、いつも通りに乗る」。腹をくくってレースに挑むと、ユタカオーはそれに応えてくれるように完璧なレースをしてくれた。

スタートを互角に出ると、休養明け2戦目でも行きたがるそぶりを見せず、いつも通り折り合いもスムーズでレース中盤の向こう正面で「勝てる」と思えたほ

サクラユタカオー。1986年日本レコードで優勝した天皇賞・秋
写真：産経新聞社

ど。３コーナー過ぎから無理なく上がっていった時の手応えは抜群。直線の坂下あたりから徐々に追い出すと、後続を一気に突き放した。

この馬との中では間違いなくベストレースで、本当に何とも言えない感覚を味わわせてもらった。またもや日本レコードとなる従来の記録を０秒３上回る１分58秒３をマークして、日本中に強さを証明することができたのも嬉しかった。

私自身にとって天皇賞は18度目の挑戦で初優勝だったが、そんな記録はどうでも良かった。ユタカオーをＧＩ馬にしてあげられることができた安堵と喜びのほうが上回っていたからだ。こんな乗り味の馬は本当に初めてだった。前に進む推進力があるのに、全く力まない。乗っていて上下動もない。本当に「スーッと走る」という表現がピッタリの馬だった。

ただ、この天皇賞・秋でみっちりと勝負した反動が出てしまい、ジャパンCは6着。この時の敗戦は、「どんなに強い馬でも、ピークがずっと続くわけではない」という、あとあとまで私の中で教訓となった貴重な体験となった。ラストランの有馬記念も6着。有終の美を飾れなかったが、今改めて考えてみると1800メートルから2000メートルでは6戦6勝。最後の2戦が適性距離ではなかったのも事実だ。

引退後は種牡馬としての人気も高く、サクラバクシンオー、サクラキャンドルは実際に私が騎乗してサクラユタカオーとの親子GI制覇を達成することができた。他にも春秋マイルGI制覇のエアジハードなども輩出した。3度もレコードを記録したユタカオーの卓越したスピードが脈々と受け継がれているのは嬉しい限りだ。

サクラチトセオー

競馬ファンや競馬関係者から、「ジョッキー時代のベストレースはどれですか？」といった質問をよく受ける。

昭和から平成への時代の変遷で、馬には「強さ」だけでなく「速さ」も求められるようになり、トラックも改良されていった。そのためレース自体も変化し、距離の違いなどもあって、正直なところひとつのレースに絞るのはなかなか難しい。ただ、数ある思い出深いレースの中で必ずベストの候補として挙げるのは1995年の天皇賞・秋だ。

レースを振り返る前に、このGⅠをともに勝ち取ったサクラチトセオーという馬について触れておこう。この馬にはキャリア22レース中21戦で騎乗した思い入れの深い1頭だが、デビュー当初は本当に弱い馬だった。なかなかこちらの思惑通りの調整をすることができず、調教を終えたあとに股関節が外れて立てなくなってしまった事もあった。新馬戦もほとんど負荷をかけることができなかったが、それでも勝つことができたのは、この馬の血統、名種牡馬トニービンと母系の優秀な血を受け継いでいたことに尽きると思う。

重賞初制覇は1800メートルの中山記念（1994年）だった。2200メートルのアメリカジョッキークラブC（1995年）など中距離のGⅡレースも勝った馬だが、体型は首が短く、走りもゴットンゴットンとしていて、1600メートル前後が適性距離の馬だった。そんなマイラーが、どうやって中距離GⅠの最高峰である天皇賞・秋を勝つことができたのか——。このレースの勝因を一言で書くなら「信頼関係」だ。

この年の天皇賞・秋は1番人気が3冠馬のナリタブライアン。皐月賞を勝ったジェニュインなども出走しており、ライバルは強力だった。私はいつもジョッキー全員の癖、馬の癖を分析して、自分が乗る馬が好スタートを切った時、出遅れた時など何十通りものパターンを頭の中でシミュレーションをしてからレースに臨むことを常としていたが、この時だけは戦法を最初から決めていた。

サクラチトセオーという馬はスタートしたあと、いいポジションで流れに乗っていくと直線で全く脚を使えない馬だった。私自身、何度かレースで試したが、いつも結果は同じ。オーナーや調教師だけではなく、ファンからも、わずかに届かず負けたりすると、「もう少し前のいいポジションにつけられなかったのか」と責められたりした。

そんな外野に納得してもらうため、何度かポジションを取る競馬も試みたが、やっぱり結果は出なかった。そんな経緯があって迎えた天皇賞・秋。本番の数日前に枠順が1枠1番に決まった瞬間から、イメージしていた作戦は確固たるものになった。

「届かなかったら届かなかったでしゃあない。周りになんと言われようと、馬主、調教師にけなされようと、この馬のことを最も理解しているのは俺なんだ」という気持ち。その思いを抱いたまま走り抜こうと決めた。レース前、チトセオーに声をかけたのを覚えている。「他人が、ファンが、分かるわけがないんだ。俺が一番知っているんだから。俺とお前で貫こうぜ」。今考えると、自分の揺れる気持ちを払拭(ふっしょく)するためだったような気もする。チトセオーに伝えているつも

サクラチトセオー。1995年天皇賞・秋　写真：産経新聞社

りが、自分に言い聞かせていたのかもしれない。

いよいよ迎えたレース本番。天皇賞・秋が行われる東京の2000メートルというコースは、スタートしてすぐにカーブがある。せっかく最内枠を引き当てたのだから、一切の距離損なく1コーナーを曲がろうと思っていた。どんなにポジションが後ろになってもかまわない。2コーナー、3コーナーを回る時もずっと内側を通って、決して焦らず、慌てずにじっくりと運んだ。結果、イメージ通りに一切のロスをしないで運べた自信があったから、4コーナーを通過した時は後方2番手だったが、「どんなに前との差があっても絶対に届く」という予感があった。

馬とのコンタクトも非常に上手くいった。「ゆっくり行こうぜ」とか、「焦んなよ」とか、チトセオーの背中から声をかけているのだが、この時も実は自分に言い聞かせていたような気もする。「まだだ。まだ早い。早いぞ」。自分の中では頭の中で言っているつもりだったが、実際は小さい声で口に出していた。脚をためるだけためて、完璧なタイミングで直線で外に持ち出してからラストスパートをかけた結果、最大の武器である極上の切れ味を１００パーセント引き出すことができた。

強力なメンバーを相手に差し届いた時、本当に最高の競馬ができたと確信した。ジョッキーが勝つために必要なのは技術的なものだけではなく、その時の精神状態も非常に重要。わずか数十センチの大接戦を制することにつながったレースプラン、騎乗、そして揺るがない気持ち。今、振り返っても自分に酔いしれるレースだ。

サクラローレル

サクラローレルをわかりやすく一言で表現するなら「最強」。私が乗った中で一番強い馬だった。

デビュー前から「この馬はすごい」と周囲に言いまわっていたほど、とにかくすべてが桁違い。まず皮膚がビロードのように滑らかだったし、筋肉も普通の馬と全く違った。筋肉がなくて柔らかいのではなく、筋肉があっても柔らかい。それでいてしっかりとした骨量もあった。本当にサラブレッドの理想のような馬だった。

ただ、体質が弱かったためデビューまでに時間がかかったし、最初の頃はなかなか能力を発揮できないでいた。初勝利はキャリア3戦目のダート戦（1994年1月30日）だったが、血統も走法も芝向きなのに3馬身差で楽勝した走りに、私

サクラローレル。1995年中山金杯　写真: 産経新聞社

の脳裏に「凱旋門賞」というレースが浮かんだほどだ。

その後も脚元の不安で日本ダービー（1994年）を断念したりと順風満帆とはいかず、オープン入りするまでに13戦も要したが、そこからは徐々に本領を発揮するようになる。1995年の中山金杯がこの馬の重賞初勝利だったが、最後の直線で私がゴーサインを出してからの加速力は「化け物だ」と改めて能力の高さを感じさせられた走りだった。

続く目黒記念は、私のせいで2着に敗れたレースだった。正直、GⅡではレベルが違うと思っていたから、向こう正面で馬が行く気を見せたとき、押さえずにスーッと行きたいように行かせた。どんなレースをしても負けないと思っていたからだったが、そのうぬぼれが大失敗だった。

道中で我慢させて直線で爆発させるのがこの馬のスタイル。いつもと違う競馬だったせいもあり、直線で追い込んできたハギノリアルキングの追い込みを首差だけしのげなかった。この勝ち馬は次の阪神大賞典（2着）、天皇賞・春（3着）でも好走したように力のある馬ではあったが、自分たちの競馬をしていれば、おそらく楽勝だった。

ただ、もともとこのレースは叩き台で、最大の目標は次の天皇賞・春だった。目黒記念で結果を出せなかったこともあり、私は並々ならぬ決意で準備を進めていたが、ローレルは本番に向けての調教中に両前脚を骨折してしまう。大事な大一番を前に無念の離脱となり、結局、目黒記念が私たちの最後のコンビとなった。

復帰戦となったのは翌1996年3月10日の中山記念で、鞍上には横山典弘騎手の姿があった。私は直前の2月いっぱいで引退し、3月1日に調教師免許を交付されたばかりだった。

実は、私がジョッキーを引退する前に復帰させるプランもあったが、オーナーサイド、厩舎ともじっくり話し合って、万全の状態でカムバックさせようということになった。もちろん自分が乗れない寂しさはあったが、この馬は私が乗らなくても活躍できると思っていたし、横山典弘騎手なら大丈夫だと確信していた。

彼は私の20歳近く下の後輩だが、素晴らしい技術の持ち主。私たちは仕事だけではなく、プライベートでも一緒になることが多く、気心も知れていた。何より私がジョッキーとして評価していたのは彼の性格だ。

1995年のエリザベス女王杯で私が1着、彼の馬が2着ということがあった。その日の夜、他の仲の良い騎手も一緒に食事に行く予定だったが、私の祝勝会にもなったその集まりに彼は顔を出さずに帰ってしまった。一見すると失礼な話に聞こえるかもしれないが、私は彼のそういうところが好きだった。騎手として抜けて上手かっただけではなく、私と同じく極度の負けず嫌い。活躍するために重要な資質を持ち合わせていたから、現役トップとして今も乗り続けていることに何の驚きもない。

私が調教師に転身してからは、ジョッキーになった彼の子どもたちのことも気にかけていたし、何より私の最後の白星（2018年2月24日）は横山典弘騎手がもたらしてくれた。

サクラローレルも彼とのコンビで天皇賞・春、有馬記念（いずれも1996年）を制して、年度代表馬に選出され、名実ともに最強の称号を手にした。騎手として新馬戦からコンビを組み、調教師としても管理した希有な馬だが、私にとっては本当に思い出深い、忘れられない1頭だ。

サクラキャンドル

サクラチトセオーの2歳下の妹にあたるサクラキャンドルもまた、私にとっては忘れられない1頭だ。1994年12月の新馬戦でJRA通算1000勝という区切りの白星を挙げ、1995年11月のエリザベス女王杯は、私にとって最初で最後の牝馬によるGI勝利。そして1996年2月25日、通算8476回目の騎手としての最後の騎乗（中山牝馬Sは9着）もこの馬だった。

正直なところ、この馬の父であるサクラユタカオーや兄のチトセオーと比較すると、歩様（ほよう）（歩き方）が硬めの馬で、それほど乗り味が良いわけではなかった。500キロを超す大型の牝馬で、デビュー当初はその大きな体を持て余していた感じがあったし、レースを1回使ったあとのダメージが大きい馬でもあった。

それでもレースを重ねながら少しずつ良化している中で迎えたのが、1995

1994年12月4日
サクラキャンドル騎乗での1000勝記念時

年10月のクイーンSだ。重賞に挑戦するのは初めてだったし、それまでのキャリアが9戦2勝とパッとしない成績だったこともありレース前の評価は8番人気。他に強い馬もいたし、多頭数（17頭立て）だったこともあり、私自身も「3着に入れれば」くらいの気持ちだった。

レース前の作戦としては、ポジションに関係なく馬のリズムを重視して運ぶつもりだったが、人馬ともに自然体で臨めたのが良かったのか、イメージ以上に手応えがよく2コーナー12番手から、3コーナー8番手、4コーナー5番手と全く無理することなく進出し、直線は先頭に立つのが早すぎたが、最後まで後続に抜かれることなく、乗っていた私も驚きの走りで重賞ウィナーの仲間入りを果たした。もともと、勝っても負けても秋はエリザベス女王杯を目標にしていたが、重賞タイトルを獲得したことで俄然、本番が楽しみになったのを覚えている。日程的に、自分の中ではGⅠ制覇のラストチャンスのような気がしていたし、四位など仲が良い若手と飲みに行ったりした時に「絶対に勝つぞ！」なんて宣言して、自分を鼓舞していた。

迎えた1995年11月12日のレース本番。2連勝中でGⅢの重賞を勝ってGⅠに駒を進めたにしては低い評価（10番人気）だったが、私は密かに自信を持っていた。と言うのも、大跳びで伸び伸びと走れるうえ、硬くて瞬発力がないというこの馬の欠点を補える、平坦の京都外回りコース（2400メートル）が一番合うと思っていたからだ。

レースは好スタートを切ると、イメージしていた通り楽に3番手の好位置を確保することに成功。前回のレースと同じように道中はリズムを大事に乗っていた

1995年、サクラキャンドルでのエリザベス女王杯は最後のGⅠ勝利

が、気持ちよさそうに走っていた。3コーナーの下りから進出を開始して直線を迎えると、ムチを左から右に持ち替えた。理由は分からないが、サクラキャンドルはムチを持ち替えると、突然走る気持ちを出すことがあったからだ。このレースでは思惑通り、闘争心に火がついて、最後まで一生懸命走ってくれた。余裕の勝利というより、後続のライバルに交わされないかヒヤヒヤだったが、最後までハートで乗ったし、キャンドルは私の気持ちに見事に応えてくれた。

騎手としての最後のGⅠ勝利でもあり、また、このレースの2週間前が前の項で書いた天皇賞・秋で、サクラチトセオーとの兄妹GⅠ制覇と、怒とうの快進撃が続いていた。

この時期にはすでに騎手の引退を公表していた。引退までのカウントダウンが始まっていた中で好結果が続いたことに、複雑な思いがないわけではなかった。自分はずっと騎手として下手くそだと思っていたが、「やっぱり技術だけではないんだな」ということが分かったような気がした。心、気持ち、メンタル。色々な表現方法がある、目に見えない精神面こそが重要であると。

正直、「もったいねえな」、「もっと乗っていたいな」とも考えた。この頃の境地なら、もっと騎手として上に行ける手応えを感じたからだ。

ただ、騎手を辞めるという人生で最大の決断は、私の中では簡単に翻意できるほど、軽いものではなかった。

騎手引退

ここまで読んでいただいた方に、私がいかに騎手に憧れ、尊敬の念を抱き、人生のすべてを懸けていたか、少しでも伝わっていれば幸いだが、ではどうして、小島太は騎手を辞めたのか。これまでも競馬関係者、マスコミ、ファンの方にも聞かれてきた質問だが、これほど赤裸々に、細かく明らかにするのは今回が初めてだろう。

1982年の7月10日。その日は福島競馬場で騎乗していた。芝のレースだったと思う。スタートした後、押して出していってハナに立ち、向こう正面で軽快に逃げていた時だ。「バキッ」という嫌な音とともに、馬が崩れ落ち、私は投げ出された。落馬して強く首を打った。その後、下半身がしびれていて、足の感覚がないことに気づいた。「あぁ、これは踏まれたな」。当初は後続の馬に踏まれて足がグチャグチャになっている自分の姿を想像した。すぐに救急車で福島市内の病院に運ばれ、車窓から見える福島市街のビルに視線をやりながら、「まだ、こんなところで死にたくない」。そんなことを考えていた。

病院で応急処置が行われたが、幸い、骨折はしていなかった。踏まれたと思っていた両足の外傷もなかった。しびれるような感覚はあったものの、時間が経過して冷静さを取り戻していた私は、見た目に大きな傷、怪我がないことに心から安堵した。翌日に精密検査を行う予定だったが、私は検査を行わずに帰京した。ボキッと折れているところはなかったし、当時は痛いかゆいなんて言っていられない時代だった。そんな弱音を吐いたり、怪我が判明したりしたら、すぐに有力馬に乗せてもらえなくなる。その週末には何事もなかったように新潟で騎乗した。ちなみに、私がレースを休養したのは減量と酒で胃が壊れて血を吐いて入院した2度だけだ。

体のしびれはそのうち消えるだろう。当初は簡単に考えていたが、甘かった。いつまでもしびれる感覚が残るようになり、少しずつ焦りだした。スポーツ選手などが通う病院で、いい評判を聞いたら、全国どこにでも行ってみた。病院や整

引退が決まった年の頃。心なしか顔から毒が抜けて柔和な表情になっている

体で、鍼治療、電気治療、マッサージ、他にもいろいろと試してみたが、一向に改善せず、時間の経過とともに症状は悪化していった。ちょうど2度目のダービーを勝つ頃は、首は頭を上げるだけでビーンとしびれて、あごを突き出せなくなっていたし、左半身にズーンと重たいしびれが襲ってくるようになっていた。

1996年、共同通信杯4歳S。
引退前最後の重賞制覇。馬はサクラスピードオー

自宅でも調整ルームでも、ずっと家族や後輩などに首や腕、特に左腕をマッサージしてもらいながら、ごまかしごまかし騎乗していたが、1990年代に入ると、日常生活にも影響が出るようになっていた。夜、しびれる感覚がひどすぎて眠ることもできなくなった。

この頃には「これは永遠に続けられないな」という言葉が脳裏に浮かんでは消えるようになっていた。

手術という選択肢もあったが、当時の成功率は50パーセント。今ではずっと簡単になったようだが、人生を懸ける決断をするには、心許ない確率だった。

後ろ髪を引かれる思いだったが、誰にもいわず調教師試験に向けての準備を始めた。週末は夢中になって全力で競馬に乗り、それ以外は勉強する日々が数年続いた。

痛みと戦いながらも、1994年12月、騎手として通算1000勝を達成した。特に目標にしていた数字ではなかったが、今考えると、無意識のうちに自分の中で区切りにしていたのかもしれない。

「仕方ない」

「そろそろ決めないと」

ずいぶん悩んだ。本心は死ぬまで乗っていたかったが、どこかでジョッキーへの思いを断ち切らないとしようがなかった。この翌年の48歳になった1995年秋、私は騎手引退を決めた。

第5章

調教と拝謝

調教師になるということ

騎手として最後の騎乗は、1996年2月25日。前述したサクラキャンドルで中山牝馬Sに出走して9着と有終の美は飾れなかったが、最後もミスなく乗れたし、何よりわざわざ集まってくれた大勢のファンの前で乗れたことは幸せだった。JRAには引退式を用意してもらい、騎手仲間からは胴上げで見送ってもらったことも感謝しかない。

その5日後の3月1日、調教師免許が交付されて、私の第二の「馬生」がスタートした。と言っても、すぐに厩舎を開業したわけではなく、1年間の研修期間をもうけていた。決してのんびりと過ごしていたわけではなく、いろいろな馬の調教を手伝ったり、牧場を回ったり、海外に足を運んだりとせわしなく準備を進めていた。

引退式の様子。騎手や調教師など多くの仲間が見守ってくれた

やること、やりたかったことは多岐にわたったが、まず私が手をつけたのは運転免許の取得だった。私はジョッキーの時は車を運転していなかった。この話をすると、一様に意外な顔をされる。世間一般が抱く破天荒キャラクターから、高級外車でも乗り回しているイメージでも持たれていたのかもしれないが、私自身、仮に事故を起こして騎手を続けられなくなったら大変だと思っていた。それ以上に、私の親しい人たちが、私が酒を飲んだまま運転する可能性をひどく警戒して、車に乗ることに断固反対していたという事情もあった（笑）。

ただ、調教師になれば車の運転は必要

1995年、調教師試験に合格した時の様子。1996年から調教師となる

不可欠と考えていた。美浦トレセンと競馬場の移動はもちろんだが、北海道の牧場を巡る際にも必要になる。騎手時代はオーナーと一緒に牧場を回っていたのだが、その時に当時の有力な調教師が牧場の人に送り迎えをさせていたのを見て、不快な気持ちになったのをずっと覚えていたし、そもそも私は調教師になった瞬間から「裏方の人間に徹する」と決めていた。

ジョッキーという職業は人気商売の一面もあり、自分の騎乗でレースを盛り上げ、ファンを魅了することも大事な役目だった。私は競馬ファンから華やかで豪快なイメージを持たれていただけに、余計に調教師に転身以降は一線を引く必要があると考えていた。当たり前の話だが、競馬は馬ありき。「携わる人間が必要以上に目立つ必要はない」と肝に銘じていた。

免許を取得するため教習所に通い始めたのは、ジョッキーを辞めてすぐの頃だ。いろいろなテレビや新聞で私の引退を大きく取り上げてもらっていたことで、当時はちょっとした時の人となっていた。待合室で実技や講習の順番を待っていると、あっという間に私の周りに人だかりができて、教習所は大騒ぎになってしまった。対処するために教習所の所長から「私の部屋を使ってください」と声をかけられて、所長室で待機することになったほどだ。そういう経験もしたから余計に、「もう自分は表舞台にいる人気商売の人間ではない」ということを強く意識しながら開業に向けての準備を進めていった。

1997年3月、ついに小島太厩舎としてレースに挑む日を迎える。物心ついた時から馬とともに過ごしてきた私は、「馬を管理する」、「馬を走らせる」ことがどれだけ大変で難しいか、肌感覚で分かっていたつもりだった。自分が描いていた理想の調教師にたどり着くまでには、最低でも10年くらいはかかるだろうと覚悟もしていた。覚悟はしていたが、実際に結果を突きつけられた時のショックは鮮明に覚えている。

3月8日の土曜日、中京競馬場12レースのペラリという馬が私の調教師としてのデビュー戦だった。16頭立てで14番人気。人気はなかったが、ジョッキーの時とは全く違う緊張感を感じながらレースを見守った。ペラリはスタート後、後方を走ったまま、見せ場もなく12着に敗れた。人気を考えれば、結果が出なくて当然だと考えるのが普通だったのかもしれないが、その時は「大変な仕事を始めてしまった」と、背筋がゾッとした。情けなさ、焦り。いろいろな負の感情を抱えながら、中京競馬場から美浦トレセンの厩舎まで戻った。

ただ、翌9日には中山3レースの新馬戦でビックアイネスという馬が好位3番手から抜け出して勝利。その後の10レースではサクラシンオーが勝利して、厩舎初勝利だけではなく、2勝も与えてくれたのは素直に嬉しかったし、心からホッとした。周りからは順風満帆なスタートを切ったと思われたかもしれないが、終わってみれば1年目の小島太厩舎は延べ111頭を出走させて、勝利数はわずか

9。この1年間で身に染みて感じたのは、1勝することの難しさだ。生き物であるサラブレッドを毎回、ベストの状態でレースに出走させることなど不可能に近かったし、仮に完璧に仕上げて、自信を持って送り出したとしても、実際の競馬では展開や勝負のアヤ、運などで勝てなかったレースは数え切れない。

調教師になってすぐの頃

調教師になって1勝の重みをより感じるようになったからか、勝った時の喜びはジョッキーの時に感じた時とは異なるものとなっていった。先頭でゴール板を駆け抜けた瞬間に腹の底から湧き上がり、あふれ出して一気に爆発するような強烈な歓喜ではなく、調教師で

調教師時代。我ながら表情が騎手時代より数段穏やかになった

の1勝は、どちらかというとジワーッと勝利の余韻が長く続くようなイメージだ。

この違いは、おそらく1頭の馬に対して直接関わる人数の多さを知ったからだろう。騎乗してくれたジョッキーはもちろん、私の厩舎の助手、厩務員に、馬を預けてくれたオーナーから牧場の関係者まで、感謝の気持ちを伝えたい人たちの顔が思い浮かぶようになり、実際に直接、自分の言葉で伝えていった。その人数が多いほど、幸せの時間も続くということだ。

ジョッキーの時も、調教師になってからも、1勝した時の喜びはどのレースでも変わらなかったが、一方で重賞、GIレースを制した時の感動は、また格別だった。管理した中で思い出に残っている馬は本当に数え切れないほどいるが、さすがにすべてを紹介することはできない。今回は小島太厩舎にGI勝利をもたらしてくれた2頭と、その2頭に携わったホースマンとのエピソードを深掘りしていきたい。

イーグルカフェ

共同通信杯

調教師として、初めての重賞制覇だけではなくＧＩを勝つという貴重な経験までさせてくれたのがイーグルカフェだった。メジャーリーガーの大谷翔平選手よりだいぶ前から、当時の競馬界としても珍しかった芝とダートの二刀流として活躍してくれた。

１９９９年11月６日の新馬戦（３着）、続く２戦目（２着）でダートを使ったのは血統を重視したからだったが、走りから日本の競馬にも適応できるスピードがあると感じた。その見立て通り、３戦目の未勝利戦で芝（１６００メートル）のレースを使ってみると、あっさりと勝ち上がった。

体調が良かったので翌２０００年１月16日の京成杯（ＧⅢ）で重賞に挑戦する

名馬イーグルカフェ　写真：東京中日スポーツ

と、いきなり2着に好走。アメリカで購入した際は「確実に2勝はできます」と馬主さんに伝えていた程度だったが、「かなり上までいけるかもしれない」と期待値を上方修正することになったのが、2月6日の共同通信杯4歳S（GⅢ）だった。

4番人気の評価ではあったが、仕上がりはこれまでで一番良かったので密かに期待していた。レースは平均ペースを後方3番手で運び、直線は目を引く末脚でグイグイと伸びて、最後は2着から4着まで頭差、頭差、首差という大接戦を制することができた。

正直な話、調教師の仕事は簡単ではな

いと痛感していた時期だったので、開業4年目で重賞タイトルを手にできたのは出来過ぎだとも思ったが、私は騎手時代に共同通信杯を4勝していて、最後の重賞勝ちも1996年の共同通信杯（サクラスピードオー）。目に見えない、不思議な縁を感じたものだ。

NHKマイルC

この当時はまだ外国産馬はクラシック（皐月賞、日本ダービー、菊花賞）には出られなかったので、自然とこの年の春の大目標はNHKマイルCとなった。ジョッキーは一緒にレースで切磋琢磨した岡部幸雄さんに乗ってもらっていたが、結論から書くと大一番のGⅠで本当に完璧に乗ってくれた。

ゲートに難がある馬で、こちらとしては「何とか互角に出てくれれば」と祈るような思いだったが、抜群のスタートを切ってくれたし、道中の人馬の呼吸もバッチリだった。直線は馬場の真ん中からグイグイと脚を伸ばしてきた。ただ、かなり離れた内ラチ（コース内側の柵）沿いからトーヨーデヘアという馬が粘りに粘って、なかなか止まらなかった。私は頭の中で自分でも馬を追いながら、立ち上がって声を張り上げ、イーグルカフェを必死に〝後押し〟した。

ゴールした瞬間はほぼ同時。厩舎のスタッフは最初、負けたと思ったらしい。確かにあとでVTRを見返すと届いていないようにも見えたが、私は勝利を確信して馬を迎えに走り出していた。後に発表された2着馬との差は、わずか9センチ。歴史に残る大激戦だったが、間違いなく勝利の確信があった。私はジョッキー時代からどんなわずかな差でも間違えたことはほとんどなかったからだ。

当時53歳。岡部騎手は2歳下の51歳でのGⅠ制覇となった。一部のマスコミやファンから不仲説をささやかれていたこともあったようだが、とんでもない。ジョッキーとして同じ時代を戦ってきた私たちは、周りから見ているだけでは決して分からない深い信頼で結ばれていた。

私の中で彼はトップの中のトップを歩んだジョッキー。このレースの時も年齢的に体力は落ちているだろうが、それを補って余りある経験、技術を持っているので、彼で負けるのなら納得がいくとまで思っていた。血統的にも体型的にもマイルという距離がベストではなかったイーグルカフェを完璧に乗りこなしてGⅠ馬にしてくれた岡部騎手には感謝しかない。

自分で乗ってＧⅠを勝った時とまた別の感動があり、３歳マイル王に輝いたイーグルカフェには明るい未来しか抱いていなかったが、ここから長い苦闘の時間を過ごすことになる。

今振り返っても、私が管理した馬の中で、あれほど難しく、つかみどころがない馬はいなかった。体を絞るのに苦労させられたし、普段はおとなしいのにスイッチが入って怒り出すと手がつけられなかった。距離を延ばしたり、縮めたりと、本当に試行錯誤を繰り返した。実際、この馬がＮＨＫマイルＣを勝って以降、次の白星を挙げるのに2年2ヵ月を要したほどだ。１６００メートルが精一杯の短距離馬だと思っていたのに、久々の勝利は２００２年7月、芝の２０００メートルの七夕賞（ＧⅢ）だった。田中勝春騎手が上手く乗ってくれたのもあったが、この馬のつかみどころのなさをよく表していると思う。

ジャパンＣダート

この勝利の後、イーグルカフェはフランスに遠征することになる。後述するマンハッタンカフェの凱旋門賞挑戦（２００２年）が決定。馬主が同じだったことも

2002年ランフランコ・デットーリがジャパンCダートを制覇した時に。
レース後両手を広げて出迎える　写真: 東京中日スポーツ

あり、一緒に海外に遠征することになったのだが、この決断が嬉しい誤算を生むことになる。現地の水があったのか、イーグルカフェは目に見えて体調がよくなった。フランスの重賞ドラール賞（GⅡ）で3着と健闘したのは状態の良さがあってこそだったが、驚いたのは、そこがピークではなく、帰国してからもグングンと体調が上がっていった。

そこで私はまたGⅠに挑戦することを考えた。この年（2002年）のジャパンCダートは東京競馬場の改修工事のため、中山のダート1800メートルで行われることになっていた。本来の東京の2100メートルでは距離が長くとても勝負にならなかったが、この条件ならギリギリ持つかもしれないという思惑があった。帰国後の日程も検疫などを考慮してもレースに間に合う計算が立ったし、さらに、世界のトップジョッキーであるランフランコ・デットーリ騎手（私はフランキーと呼んでいた）が来日していたのも大きかった。「彼なら岡部さんがやってくれたような完璧なレースをやってくれるのでは」と期待して騎乗を依頼し、実際、本当に見事にはまった。

当時のスポーツ新聞の見出しなどで「デットーリ・マジック」などと書かれて

調教師時代。世界でもトップクラスの騎手、ランフランコ・デットーリと
写真：東京中日スポーツ

いたが、後方から運んで直線勝負にかけるのが定番になっていたイーグルカフェが、1、2コーナーが中団の8～9番手。3コーナーでは4番手。4コーナーでは3番手を楽々と進んでいるのを目の当たりにして、私は勝利を確信した。直線は目の前にいるゴールドアリュール、それに外から体を併せて来たアドマイヤドンに対して、内ラチ沿いを一気に強襲して力強く脚を伸ばした。当時のダートのトップクラスを相手に、5番人気で頂点に立った。マンハッタンカフェが故障で引退したあとだっただけに、より重みを感じる勝利となった。レース後、自ら芝コースまで出ていって馬を出迎えた時

は、こみ上げるものを抑え切れなかった。

誰もが知る世界一のトップジョッキーなのはその通りなのだが、しかし、彼が日本に来てあんなに上手く乗ったのは初めてだった。ダートの小回りコースを一切の距離損もなくピタッと乗った。すべて完璧だった。

イタリア人のフランキーのことは全部分かっている。初めて騎乗を見たのは、1991年11月に日本で行われたインターナショナルジョッキーズという招待レースだったが、すぐに「すごい子だな」とピンときた。ちょうど私が騎乗停止中で、私の代わりに乗った馬がいたのだが、あっさり勝ってみせたことにも驚きはなかった。

そこから親交が始まり、私がイギリスに行った際は、あちらの厩舎を案内してくれた。私が調教師になってからは空港まで迎えに行ったし、自宅で食事をともにした。「日本のお父さん」と呼んでくれて慕ってくれていたが、来日したばかりの時は日本円を持っていないものだから、いつも「お金をくれ」とリクエストされたのには参った(笑)。あんな世界中で稼いでいる大金持ちに私みたいな貧乏人が決して少額ではない小遣いを渡すという、不思議なやりとりをしていた。

彼が来日して私の管理した馬に騎乗した時、普通に乗れば勝てるレースでミスして装鞍所(そうあんじょ)に帰ってきた時、私は「この下手くそ！」と怒鳴ったらしい。私自身は覚えていないのだが、「世界一のトップジョッキーに面と向かって怒れるなんて」と、周囲が覚えていたようだ。彼との思い出は尽きないが、私にとっては本当にかわいい男だった。

イーグルカフェは超一流馬ではなかったが、それでもＧＩを2つも勝てたのは、岡部騎手、そしてフランキーのおかげだ。5年近くにも及ぶ現役生活は、消耗の激しいサラブレッドにとっては長い。その間、この馬は大きな怪我もしないで引退するまで重賞やＧＩで走り続けてくれたことには本当に頭が下がる。タフに活躍できた最大の要因は、心の強さだろう。早熟だったのかと悩んだ時期もあったが、馬自身は前向きな姿勢を失わず、常に全力で走ってくれていた。環境の変化に動じないタフさがあったから、海外遠征でも力を発揮できたし、帰国後の反動が出ることもなかったからジャパンCダートを優勝することができた。

ジョッキーを引退して、調教師に転身し、開業4年目という早い段階でイーグルカフェという馬に出会えたのは私にとっては大きな財産だ。

マンハッタンカフェ

菊花賞

マンハッタンカフェはセリで見初めてオーナーに買ってもらったが、初めて「ホレた」と言い切れるほど素晴らしい馬体をしていた。実際、調教をするようになってからも、私の長い競馬人生の中で、これほどゆったりとしたフットワークで走る馬は初めてだった。ただ、期待の大きさに反して、当初は馬体減に悩まされた。デビュー戦で498キロあったのが、4戦目のアザレア賞（11着）では456キロ。42キロも減っていた。

皐月賞、ダービーは諦めて放牧に出したが、しっかり休養させたことが功を奏した。夏場になると本当にいい馬に成長していった。あのでかくてだらしなかった馬が、直線が短い札幌（2001年8月4日・500万富良野特別）で力強く差し切り、「これは行ける！」と手応えを感じた。馬体重も46キロ増の502キロまで増えていて、続く1000万特別（ともに芝2600メートル）を連勝。この時点で「3000メートルでも大丈夫」と菊花賞に目標を定めた。前哨戦のセントライト記念（GⅡ）は直前に降った雨の影響もあって4着止まりだったが、可能性を信じて、GⅠに挑戦することを決めた。

レースに向けて課題の馬体減を克服するために3週間前から栗東トレセンに移動させた。直前の長距離輸送を避けるためだ。寂しがり屋だったので帯同馬（たいどうば）も2頭連れていった。調教も含めて調整はすべて上手くいっていた。

菊花賞の当日、私はこの馬の主戦だった蛯名正義騎手に初めて指示を出した。「せっかく内枠（2番枠）を引いたのだから、正味3000メートルの競馬をしてくれ。直線で前が詰まっても、それは俺の責任だ」。そう言って送り出したのだが、彼は完璧なレースをしてくれた。

レース前には不思議な縁を感じていた。実は、正義の父親が菊花賞の前の週に亡くなっていた。当日、マンハッタンカフェとともに馬場に出て行く直前、「大丈夫、親父がついているから」と声をかけながら、過去の記憶を思い出していた。

１９８７年12月。私は翌年にダービーを勝つサクラチヨノオーでＧＩの朝日杯３歳Ｓ（現朝日杯ＦＳ）を目前に控えていたが、レースの１週間前に親族から「父親がもうダメらしい」と連絡が入り、翌月曜日に天国に旅立った。

「正義、絶対に親父が後押ししてくれるから勝て。俺もチヨノオーで勝ったんだから」。そんなことを考えながら、スタートの瞬間を待っていた。

この日の京都競馬場には、この年に競馬学校の騎手課程に入学した四男の太一も研修で訪れていた。騎手を目指して頑張っている息子に、いい競馬を見せることができた。勝負の世界は、本当に喜べるのは一瞬だけ。だが、その一瞬が素晴らしいから、また頑張れる。いろいろな意味で忘れられない勝利となった。

有馬記念

菊花賞で過酷な競馬をした後なのに、今までとは違いマンハッタンカフェの疲労は少なかった。「アレっ?」と思ったが、手元（厩舎）に置いておくと、オーナーも私も色気が出てしまう。まだ本当の意味での中身が伴っていないし、神経が繊細な馬。いったん放牧に出したのだが、やはり牧場でも元気いっぱいだった。美浦トレセンに戻して馬体をチェックすると、首やトモ（後肢）にひと回り幅が出ていた。「これなら大丈夫だ」。私の想像をはるかに超える成長を見せたこともあり、有馬記念への挑戦を決めた。

2001年はテイエムオペラオー、メイショウドトウといった現役最強クラスがエントリーしていた。当時は強気なコメントを残していたかもしれないが、正直な話、あまり自信はなかった。

ところが、だ。パドックで全頭を眺めた瞬間、「あ、これは勝っちゃうわ」と確信した。風格、スケール、すべての面でウチの馬が抜けていた。過去最高の出来で迎えた大一番は、3コーナー過ぎから馬場の外側をスパートしてライバルを圧倒。レース後に正義が「強い、強い」と興奮した表情で引き上げてきたのをはっきり覚えている。

この年の3歳馬はレベルが高かった。ダービー馬のジャングルポケットが国内産の3歳馬として初めてジャパンCを優勝。ジャパンCダートでは、クロフネが驚異的なレコード勝ちを収めていた。マンハッタンカフェが勝った菊花賞は、展開に恵まれたなどとフロック視する声も耳に入ってきていて、能力をきちんと評価してもらっていない気がしていた。関東から本物のスターホースを出して、もう一度、競馬の中心をこちらに持ってきたいという思いもあった。順調にいけば来年は主役を張れる——。そう確信したグランプリ制覇だった。

天皇賞・春

勝って涙を流したのは最初で最後。それくらい、精神的に追い込まれていたのが天皇賞・春だ。

まず、前年の菊花賞を勝った時、すぐに頭に浮かんだのがこのレースだった。長距離GIは全部モノにしてやる。常勝のチャンピオンになってほしい。この馬なら決して無理な話ではない、と考えていた。それだけに前哨戦の日経賞（GⅡ）の敗戦（6着）はショックだった。跳びのきれいな馬だけに、雨が降って間もない時間帯で上滑りする芝に苦労するかもしれないという不安はあったが、敗因を馬場で片づけるにはあまりにも無様（ぶざま）なレースだった。

マスコミからは「天皇賞へ向けての叩き台だったのでは？」とうがった見方を

されたが、一番負けたくなかったのは、誰よりもこの私。馬は昨年よりもたくましくなっていたし、仕上がりも満足がいくものだった。一つ言えるとすれば、この馬本来のレースではなかったということだろう。菊花賞、有馬記念とも、スパートしたのは3コーナー手前。馬群の中で鞍上が追いまくってエンジンをかけ、直線で素晴らしい末脚を見せてくれた。それを思うと日経賞は競馬が中途半端だった。

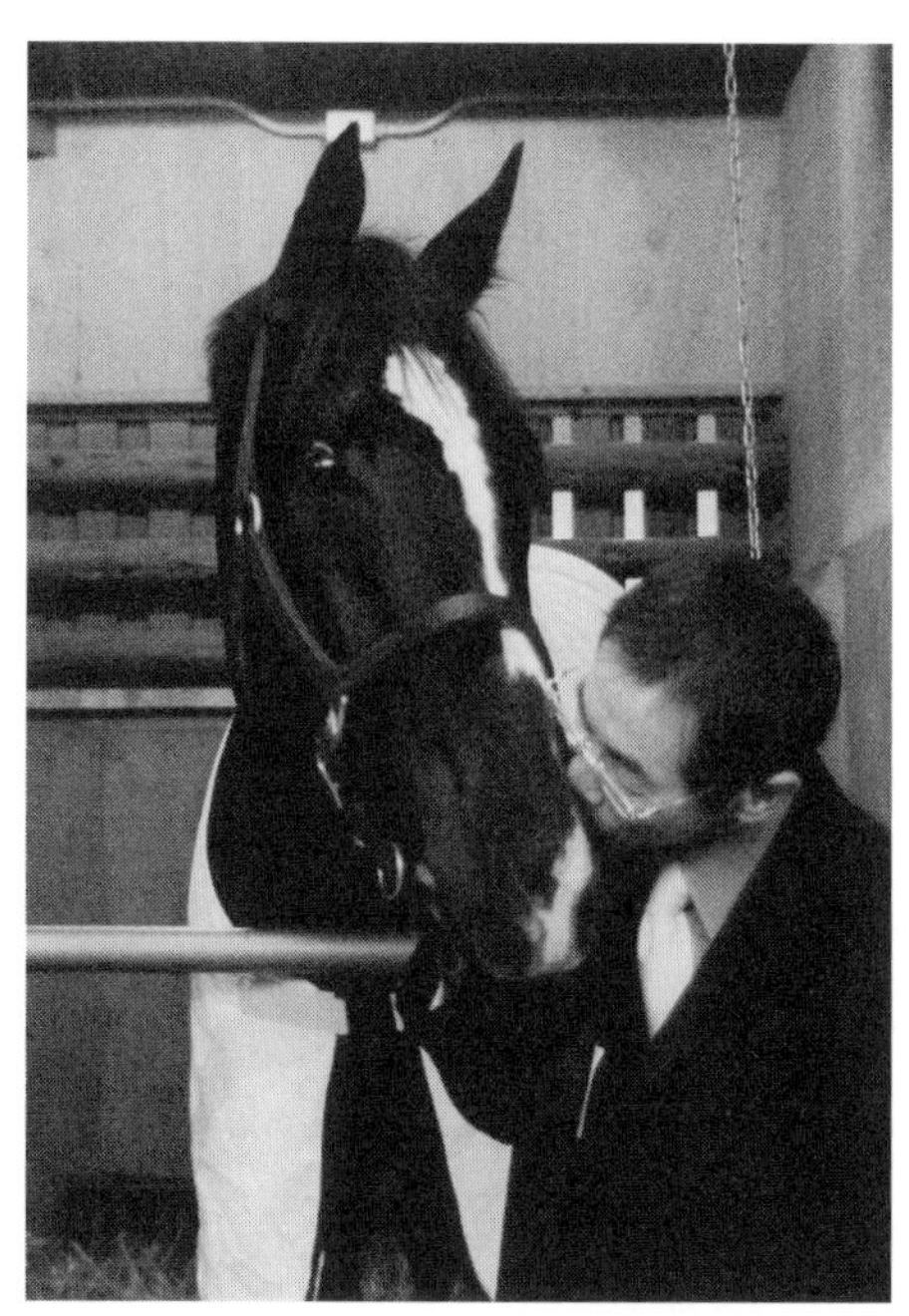

名馬マンハッタンカフェと

何とか本番で巻き返したかったが、挫跖（石など硬いものを踏んだ時などに蹄底におきる炎症）の影響で爪に熱がこもるようになり、思うような調教ができなくなっていた。前述した通り、輸送に弱い馬なのでレースの3週間前から栗東トレセンに移動させたが、「出走を回避するべきか……」。そんな言葉が頭の中でぐるぐると回っていた。少しでも状態を改善するため、周囲に気付かれないよう、まだみなが寝ている午前2時頃から爪を冷やし、軽く運動をさせながら状態を確認するよう、担当の厩務員に指示していた。私自身、悪化した際にはすぐに駆けつけられるように、栗東の近くのホテルで誰にも告げず待機していた。美浦トレセンに私が全く姿を見せなかったことから、マスコミからは北海道の牧場にでも行っていると思われていたようだが、とんでもない。ホテルの部屋で一人、目の前の携帯電話を見つめながら、厩務員から悪い連絡が来ないことを祈りつつ、ひたすら出否について頭を悩ませていた。

担当した松本厩務員の人生すべてをかけてくれたと言ってもいい懸命の処置のおかげで最終追い切りをこなすことができ、翌日の状態を確認して出走にゴーサインを出した。ただ、心境としてはやはり不安をぬぐえず、プレッシャーで押しつぶされそうだった。

迎えたレース当日。前哨戦の阪神大賞典を勝ったナリタトップロードが1番人気。前年の年度代表馬ジャングルポケットの3番人気に挟まれた2番人気だったが、マンハッタンカフェの力さえ出し切れれば負けるはずがない。正義には「自信を持って攻撃的なレースをして来い」と言って送り出した。

好スタートから上手くリズムに乗ってくれたし、ゲートを出た瞬間に「いける！」と叫んだほどだ。最後は首差まで詰め寄られたが、これまでのGⅠの中で一番楽な気持ちで見ていられたし、鞍上は100点満点の騎乗をしてくれた。ゴールした瞬間は精神的なプレッシャーから解き放たれ、喜びよりも安堵のほうが大きかった。スタッフ一丸となって苦難を乗り越え、何より怪我を克服して結果を出してくれたマンハッタンカフェへの感謝から、涙が自然とこぼれおちた。

凱旋門賞挑戦

天皇賞・春を勝ってGⅠは3勝目。日本のトップホースとしての地位を確立したことで、マスコミを中心に周囲の期待がさらに高まっていたのは肌で感じていた。当初は国内のレースに専念するつもりだったが、オーナー、生産者の社台ファームと協議を重ねて、凱旋門賞への挑戦を決めた。私の中で、かつて管理して

1997年、フランス・シャンティイにて。
凱旋門に備えたサクラローレルに
当時小学生だった息子の太一を乗せて

いたサクラローレルが挑戦を1年待って失敗したことから、いい時に行こうという考えもあった。

相変わらず爪に不安はあったが、それ以上にマンハッタンカフェにはフランスの自然豊かな環境がマッチした。国内移動でも体を大きく減らすタイプだったが、フランスへの移動後は回復具合から何から全然違った。迫力が出過ぎてしまい、一度調教が終わって私が乗って帰ろうとした時、元気が良すぎて馬が立ち上がってしまった。「ここでもし俺が落馬して逃げられでもしたら、もうレースどころじゃなくなってしまう」。向こうの調教場（シャンティイ）は日本とは比べものにならないくらい広さが違うので私は青ざめたが、それくらい馬のコンディションは上がっていた。弱点だった爪の状態もギリギリ持ちそうだったし、現地で最高の鉄屋（装蹄師）も探して、順調に準備は整っていった。

レースはスタートが絶好で、折り合いから何からすべてクリア。向こう正面の走りを見た時は本当に「いける」と思った。しかし、3～4コーナーの下り坂で急に手応えが怪しくなり、ついて行けなくなった。おそらく下りに入った時に脚にきたのだろう。13着に終わり、厩舎に戻って確認すると、左前脚に屈腱炎を示す腫れが確認された。ショックだったが、前向きに挑戦したうえでの故障だから仕方ない。治癒を待って再出発する道もあったが、この馬のプライドも守ってやらなければならない。数ヵ月前、父サンデーサイレンスが死亡して日本の生産界は、優秀な後継種牡馬の出現を待ち望んでいた状況もあり、引退が決まった。

これまでもいろいろなところで発言してきたし、これからも死ぬまで言い続けるが、脚元が最後まで持っていたら絶対に勝っていた。

種牡馬として

引退が決まり、シンジケート（種付けをする権利。１株１７５０万円で60株、総額10億５０００万円）が組まれたが、募集開始と同時に満口となった。マンハッタンカフェはサラブレッドの理想と言える馬。これほどサンデーサイレンスに似た馬はいないと思っていたので、種牡馬として成功したことに驚きはないし、今でもその血が脈々と受け継がれていることは、私の誇りだ。

かけがえのない出会い

私ほど人に助けられ、また迷惑をかけたホースマンは、後にも先にもいないのではないだろうか。本当に数え切れないほど、いろいろな人たちに支えられてきた。さすがに思い浮かんだ全員をここで披露することはできないが、忘れられないエピソード、大きな影響を受けた恩人との昔話などを紹介したい。

サクラの全演植（ジョンヨンシュク）オーナー

「サクラ」の冠で有名な株式会社さくらコマースの全演植オーナーがいなければ、今の小島太は存在しない。そう言い切れるほど血のつながり以上の深い絆があった。

私がデビューした当時は、毎週競馬が終わると馬主さんや関係者がぞろぞろと厩舎に集まってきて、宴会が行われていた。皆、酒を飲んで食事をしながらワイワイとレースの話をするというのが当たり前の風景で、朝までいる人もいた。私はまだあんちゃん（若手）だったので、レース前に馬主席に座布団を運んだりしていたのだが、そこでお小遣いをもらうのが本当に嬉しかった。

大金持ちで力のある馬主がたくさんいた中で、当時の全オーナーは高木厩舎に馬を預けた中では一番小さい（頭数が少ない）馬主だった。ある時、たまたま北海道から来ていた私の父親が初めて全オーナーに会った時に、

「うちのぼんずをお願いします」

と深々と頭を下げたらしい。このやりとりの前からかわいがってもらってはいたが、改めて私の父から丁重にお願いされて何か感じるところがあったのだろう。少しずつサクラの馬に乗る機会が増えていき、ある時、「一緒に日本一になろう」と声をかけられた。

実際、サクラの馬で何度も大きなレースを勝たせてもらった。厩舎の所属から離れてフリーになった時には、日本では初めてとなる馬主との専属騎乗契約（契約金500万円）を結んだことは当時の話題にもなった。

馬のこと、馬とは関係ないことでも数え切れないほど言い合いをしたし、大喧嘩もした。文字通りテーブルをひっくり返されたこともあったし、数ヵ月間、一切言葉を交わさないこともあった。

周囲はずいぶんヒヤヒヤしていたと思うが、本当の親子以上の関係だったからこそ、本音をぶつけ合えた。「ジョッキー・小島太」にとって、間違いなく最大で最高の理解者だった。

兄弟子の高橋直さん

私が競馬界に入るずっと前に高木厩舎に所属していて、私が入った時には関西に移籍していたのが高橋直さんだ。私の兄弟子にあたる。その後、関西で調教師になった人だが、ランドジャガーという馬でNHK杯（当時はオープン）を勝たせてもらったし、日本ダービー（5着）、菊花賞（6着）の鞍上も任せてくれた。当時は東西のライバル関係がバチバチだっただけに、「なんで関東の騎手なんかに」という批判もあったようだが、そんなそぶりは一切見せず、私にはいつも「お前の好きに乗ってこい」と送り出してくれた。私が関西に遠征した際も「太が来ますから」と馬主さんに電話してくれていたようで、必ず乗る馬を用意してくれた。

シーエースという桜花賞馬に乗せてもらったこともあったが、それ以上に忘れられないのがシーキャリアーだ。7歳（現8歳）の時に福島競馬場での騎乗を頼まれた際、「七夕賞（重賞）か、1500万（現3勝クラス）、お前が好きなほうを選べ」と言われた。まず調教で感触を確かめてみると、ゴトゴトした走りでとても勝負にはならないと思った。が、条件戦より重賞のほうが騎乗料は高い。「重賞に行きましょう。勝負になりますから！」なんて、調子いいこと言って格上挑戦することになったのだが、全く自信はなかった。にも関わらず、向こう正面からステッキをバチバチ入れて、直線もビッシリと最後まで追った結果、なんと6番人気で勝ってしまった（笑）。ちょっと不思議な恩返しにはなったが、すごく包容力がある人だった。

メイショウの松本好雄オーナー

前の項で書いた高橋直さんから、「太が来ますから」と電話で連絡を受けていた馬主こそ、メイショウの冠名で知られる松本好雄オーナーだった。1970年代に馬主登録をした際、最初に馬を預けたのが高橋直厩舎で、調教師から連絡が来るたびに、「あ、太君ね」なんて言って騎乗をOKしてくれていたらしいが、最初は誰だか分かっていなかったようだ。私が関西に遠征するたびに連絡が来るものだから、これは後から聞いた話だが、松本オーナーもだいぶうんざりしていたらしい（笑）。

競馬ファンにはおなじみのあの青とピンクの勝負服も、実は私と深い関わりがある。もともと私の師匠である高木厩舎で一番大きな馬主さんの勝負服だった。私はその勝負服でプロ2年目の1967年にヒンドスタン産駒のハクシンという馬で新潟開港百年記念というレースを勝ったことがあった。自分の馬が勝ったことと、馬券が的中したこともあって大喜びしてくれて、私に今の価値で100万円ほどの小遣いをポンとくれるような太っ腹な大馬主だった。高橋直さんも、その馬主さんに対しての憧れがあったらしい。そのオーナーが引退された後、松本さんと、私の師匠にも相談して新しく自分の厩舎で馬主になったメイショウとして再スタートを切ることになった勝負服だった。

私がジョッキーだった時には数多くの馬に乗せていただいたし、調教師に転身した際、初めて関東の厩舎に馬を預けたのも、調教師になるずっと昔、それこそ私が若手だった頃からの関係性があったから。思い出話は尽きないが、本当に人格者で素晴らしいオーナーだ。

同期と後輩と弟弟子

北海道出身の私と、九州出身の田島良保が初めて会ったのは1963年春に馬事公苑に入学した時だ。お互い高木厩舎に所属するのが決まっていたこともあって、すぐに何でも相談する仲になった。彼はその後、関西の厩舎に移ったが、デビューしてわずか2戦目で初勝利を挙げる鮮烈なデビューを飾った。初勝利に4ヵ月もかかった私とは雲泥の差で、彼は新人賞を取ったし、デビューして6年目にはヒカルイマイで史上最年少のダービージョッキーに輝いたことも彼のすごさを物語っている。同期で、親友で、ライバルでもあった田島が騎手を引退して調教師に転身した時は同志がいなくなってショックだったが、その後も関係は変わらなかった。私が騎手として最後の白星（1996年2月24日）を挙げたヘイセイエルザは、田島調教師が私に中山で乗ってもらうために、わざわざ関西から連れてきた馬だった。

鎌田祐一は年齢が2つ下の私がかわいがっていた後輩だ。騎乗技術はあったが、なかなか馬に恵まれず、関東から関西に移籍しても思うような結果を残すことができなかった。騎手引退後は関西で調教助手に転身したのだが、その先が後に関西の一流となる橋口弘次郎厩舎だった。

今と違って当時は関東の騎手が関西馬に乗ることは簡単ではなかったが、鎌田がいつも推薦してくれて、私が関西に遠征した時、逆に橋口厩舎の馬が関東に遠征してきた時も私が乗ることが多かった。チャンスが増えたきっかけを作ってくれたことは、今も感謝している。

彼は騎手としては大成しなかったが、正直私より全然上手かった。私の師匠は、私より鎌田を乗せたがっていたから。

弟弟子にあたる松本重春は、高木厩舎に下乗り（まだ免許がない修業中の騎手）で入ってきた。同じ北海道出身で、私の弟と同じ年齢（4歳下）だったこともあり、ずっと弟のつもりで接してきた。

体重などもあって騎手にはなれなかったが、騎手を諦めてからは調教助手としてずっと私をサポートしてくれた。私が騎乗したGI馬、オープン馬はほとんど彼が調教をつけていたし、週末のレースでは身の回りの世話など何から何までサポートしてくれた。

調教助手としても優秀で難しい馬も乗りこなし、私が調教師に転身してしてからは小島太厩舎で汗を流してくれた。オープン馬を何頭も担当してもらったし、マンハッタンカフェを任せた時も、本当に最後まで一生懸命にやってくれた。私のホースマン人生において、かけがえのない存在だった。

調教師と牧場関係者と旧友

柄崎義信（つかざきよしのぶ）調教師に気に入ってもらえたきっかけは、ちょっと面白かった。「太っていうのに、全然イメージが違うなぁ」なんて声をかけられたのが最初の出会いだったが、確かにその時は減量に苦労していてヒョロヒョロだった。そのイメージがあったからか、ダイパレードという馬が軽ハンデ（52キロ）で目黒記念（1968年）に出走することになった時、私に騎乗依頼がきて、勝つことができた時は本当に嬉しかった。

私が初めて日本ダービーを勝ったサクラショウリを管理していた久保田彦之調教師も、私を積極的に起用してくれた。稲葉幸夫調教師は昭和47年にリーディング争いをしていた時、騎手時代の晩年であまり調子が良くない時もサポートしてくれたし、息子の隆一調教師もすごく応援してくれた。サクラのメイン厩舎だった境勝太郎調教師も私の騎手人生を語るうえで欠かせない存在だ。

吉田照哉社台ファーム代表は騎手時代からの知り合いで、調教師になって試行錯誤していた時もすごく気にかけてもらった。マンハッタンカフェなどの生産者でもあり、大変お世話になった方だ。谷岡牧場は騎手時代には父の幸一さん、調教師になってからは息子の康成さんに、牧場との関わり方から北海道での移動の仕方といった細かいことまで、いろいろ教わった。

調教師を引退後、馬が恋しくなることがよくあるのだが、「いつでも来てください」と快く迎えてくれたのが育成牧場である阿見トレーニングセンターの瀬口晃浩社長。競馬関係者ではないが、幼なじみの菊池哲のことも触れさせてもらいたい。小学校からの同級生で、今も付き合いがある一番の友達。私が浮き沈みのあったどんな時にも味方でいてくれた、かけがえのない存在だ。元プロ野球選手で巨人のヘッドコーチを務めて日本一に貢献した牧野茂さんとは、オフの時期にそれぞれでチームを率いて府中競馬場で草野球を楽しむなど親交があったし、よくお酒もご一緒した。本当に楽しい思いをさせてくれた人だった。

二人の横綱

私の実家には土俵があった。父の影響で私は小さい頃から大相撲が大好きで、北海道にいた時はラジオを聞きながら自分で星取り表に白星、黒星をつけていたものだ。騎手になってからも変わらず好きで、20代になって初めて大相撲を観戦した。

最初に友人関係になったのは第52代横綱の北の富士さん。引退後に九重部屋を構えてからも応援させてもらっていたが、千代の富士、北勝海（現、八角理事長）

親友でも悪友でもある日本相撲協会の八角理事長

といった横綱を育てた偉大な方だった。

　彼との一番の思い出は北勝海についてのやりとりだ。まだ番付が下だった頃、私が親方に「体が小さいですねぇ」なんて知ったような口を聞いたのに対して、北の富士さんは「絶対に強くなるから」と即答したのが彼だった。実際、横綱にまで上り詰めた時は感慨深かった。

　その第61代横綱の北勝海は、今や日本相撲協会の理事長。現役時代からずっと仲良くさせてもらっているが、彼が大きなパーティーの挨拶で「小島太先生とお会いしてなかったら、あと2回は優勝できました」なんてスピーチした時は、苦笑いするしかなかった。確かに、当時は引っ張り回していたから（笑）。

年齢は私より下だが、とにかく人間性が素晴らしくて、自分の地位が上がっても全然偉そうにしなかった。北の富士さんもそうだったが、不思議と仲良くなる人は競馬に全く興味がない人が多かった。それが逆に良かったのだと思う。

八角理事長とは今でも親交があり、それこそ定期的に2人でゴルフに行くくらい仲良くさせてもらっている。

エピローグ

1週間前の夕食のメニューもろくに思い出せないのに、半世紀も昔のレースのことは詳細に思い出せた。理由は分かっている。命を懸けて、人生のすべてを捧げて馬に乗ってきたから、はっきりと覚えているのだ。

改めて振り返ってみると、本当に幸せなジョッキー人生だった。ダービーを一番先頭でゴールに入った瞬間の喜び、勝った時に受けた満場の歓声を思い出すと、今でも身震いがする。本当にあの瞬間にすべてが凝縮されていた。

ダービーには19回も騎乗していた。自分がイメージしていたより多かったし、この数字を見ると、私も一流だったのだなと（笑）。対談で武豊騎手が指摘してくれていたが、通算で9000回も乗っていない私が重賞を84勝しているのも冷静に考えたらすごい勝率だ。私はずっと、自分をセンスがなくて下手くそだと思って生きてきたが、こうして記録を掘り返して見ると、そこまでひどいジョッキーではなかったのかもしれない。

競馬ファンからすれば、不思議な男だっただろう。だいぶ昔の『優駿』の記事で、こう評されていたことがあった。「小島太という騎手は、不思議と負けた時の印象が強い騎手だった。それゆえに野次や罵声を浴びることも多く（中略）、一方で勝つ時の鮮やかさや格好良さでは右に出る者はいなかった」。確かに私ほどアンチが多かったジョッキーはいなかったかもしれないが、私のファンも熱烈だった。そういえば、パドックで馬にまたがって周回していた時、私に向かって何かを叫んでいた男に、私のファンが殴りかかって取っ組み合いになり、救急車が出動するほどの騒ぎになったこともあった。

厩舎を開業してからは三人の子どもたちが小島厩舎を支えてくれた。良太、勝三(かつみ)、太一は私の元で頑張ってくれた。もちろん仕事とプライベートは別にするように心がけてはいたが、自分の息子たちがサポートしてくれたことは私の何よりの支えとなった。

それでも、調教師になってみて強く思ったことは、「やっぱり騎手はすごかったな」ということだ。レースを上手く運べる。馬の特徴をつかめる。何が何でもトップでゴールするという強い気持ちを持ち続ける。それらを肌で感じた時は素直に憧れたし、お手本になった。素晴らしいジョッキーたちとレースができたことは、私にとってかけがえのない財産だ。

今の日本の競馬は、すべてが進化している。主役である馬は当然のこと、騎手は競馬学校で高い技術を学び、デビュー直後から先輩と互角に渡り合えるようになっている。調教師はすごく勉強熱心だし、生産から育成、それらすべてを裏から支えるＪＲＡの努力も忘れてはいけない。そのうち、世界のビッグレースで当たり前のように騎乗依頼を受けるジョッキー、そこで優勝する馬が出てきても不思議ではない。日本の競馬が世界一と言われる時代が来ることを望んでいるし、期待している。それが長い人生の大半を馬と生きてきた、私の願いだ。

小島 太

小島 太（こじま・ふとし）

1947年、北海道生まれ。日本中央競馬会（JRA）に所属していた元騎手、元調教師、競馬評論家。1966年に騎手デビュー。サクラショウリ、サクラチヨノオーによる2度の日本ダービー制覇など通算1024勝。ファンからは「フトシ」の愛称で親しまれた。1997年より調教師に転身し、イーグルカフェ（GI・2勝）、マンハッタンカフェ（GI・3勝）などを管理し、通算476勝。騎手と調教師を合わせて通算1500勝を達成した。趣味は大相撲観戦。著書に『馬を走らせる』（光文社）などがある。

ブックデザイン　鈴木成一デザイン室

写真　産経新聞社
（p42, p70, p77, p81, p143, p155, p160, p163）
東京スポーツ新聞社（p107）
東京中日スポーツ
（p187, p191, p193）
森 清・講談社写真映像部
（p112-p133, p222）

校閲　平入福恵

協力　小島京子、西山智昭（報知新聞社）

［お願い］本書に掲載させていただいた写真は多くが著者の個人所蔵のものであり、一部調査がつかないものがありました。お心当たりの方はご一報ください。

賞賛と罵声と

二〇二五年五月七日　第一刷発行

著者　小島 太

発行者　清田則子
発行所　株式会社 講談社
〒一一二-八〇〇一　東京都文京区音羽二-一二-二一
電話　編集　〇三-五三九五-三五二二
　　　販売　〇三-五三九五-五八一七
　　　業務　〇三-五三九五-三六一五

編集　株式会社 講談社エディトリアル
代表　堺 公江
〒一一二-〇〇一三
東京都文京区音羽一-一七-一八 護国寺ＳＩＡビル６Ｆ
電話　編集　〇三-五三一九-二一七一

印刷所　株式会社新藤慶昌堂
製本所　株式会社国宝社

ISBN978-4-06-539220-1

KODANSHA